発達に合わせて伝える

子どものための 食事マナー

監修 NPO法人
みんなのお箸プロジェクト

はじめに

食事マナーは楽しい共食のための約束ごと

「食事マナー」と聞くと、ちょっとむずかしいイメージをもたれる方も多いでしょう。そのため、子どもたちに伝えるのをためらったり、どこまで指導するべきか迷ったりすることがあると思います。
でも、食事マナーを「みんなと楽しく・心地よくごはんを食べるための約束ごと」と言いかえてみるとどうでしょう。「なーんだ、それでいいんだ」と思えて気が楽になりませんか？

食育では「共食」をとても大切にしています。一緒に食事をする相手に不快感を与えないことは、料理を充分に味わって楽しい時間を過ごすために欠かせないこと。もしも自分が相手に不快感を与えてしまっているかもと思うと、安心して食事もできませんね。
そして「いただきます」「ごちそうさま」という言葉からもわかるように、日本人の食事マナーの根本には、食べ物や作ってくれた人への感謝の念や共食する相手への配慮が息づいています。本書では、そうした気持ちを大切にしながら、子どもたちが実際に食べるときに気をつけたいマナーについてまとめています。

心も体も柔軟な子どもたちは、保育者や保護者がきちんとサポートすることで、正しい姿勢や箸の使い方を覚えられます。そして、一度身につけてしまえば忘れることはありません。
2013年に和食がユネスコ無形文化遺産に登録されると、それまで以上に世界中の人々が日本文化や和の作法に興味をもち、勉強をする機会が増えてきました。しかし一方で、正しい箸使いができて、和食のマナーを知っている日本人の数は年々減少しているのが実態です。まずは保育者や保護者、身近な大人が基本となるマナーを知って、子どもたちに伝

一緒に食事や
マナーのことを
学んでいこう！

まなべえくん
マナーに詳しいお米の妖精。妖精としては新米でも、やる気は充分。

よろしくね！

マナミ先生
子どもに寄り添って食事のマナーを伝えたいと、日々勉強中の新人保育者。

えてあげてください。
「箸が苦手」という保育者・保護者のみなさんも、ぜひ本書を片手に再挑戦してくださいね！　箸の正しい使い方が、合理性にもとづいて、きれいに、楽に料理を口に運べる持ち方であることが大人だからこそわかります。使い方が上達すると、きっと目からウロコな体験ができるはずです。

発達に合わせて、食事マナーを伝えよう

箸を持つタイミングや使い方、マナーの基本を、イラストやチェックポイントなどで、発達に合わせてわかりやすく解説していることが本書の特徴です。子どもの発達に合った体の使い方やマナーが必要な理由を保育者が知れば、無理なく子どもたちに教えることができるでしょう。また、随所にコピーして家庭に渡せるページや、家庭に伝えたい情報などを散りばめています。ぜひ、園と家庭が連携して取り組んでください。

子どもたちが食事マナーを身につけることは、一生涯続く食事時間を、豊かに充実して過ごすためのすてきなプレゼントになります。あせらず、ゆっくり、箸の使い方とマナーの指導に取り組んでいただければと思います。
では、ここからは「まなべえくん」と「マナミ先生」にも登場してもらい、楽しく食べるための食事マナーを見ていきましょう。

C o n t e n t s

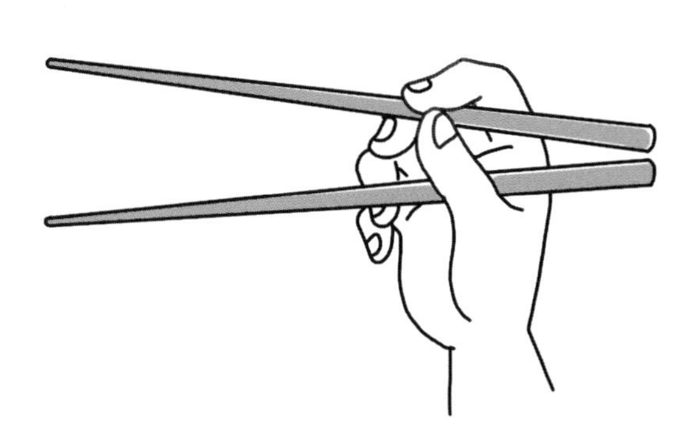

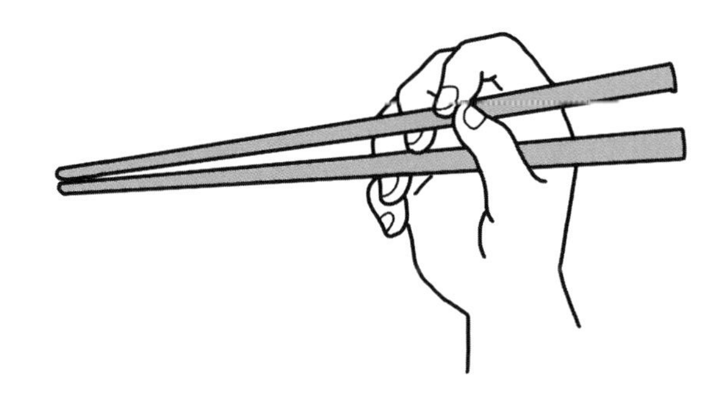

器のこと

本書の特長

食事マナーは「姿勢」から！
いきなり食事マナーや箸使いを身につけようとしても、
必要な能力が養われていなければむずかしいでしょう。
本書では、エクササイズやQ&Aを交えつつ、
それらの土台となる「姿勢」から、
順を追って丁寧に説明します。

食事マナー

食具の使用

手指の発達

正しい姿勢

ここから身につける
ことが大切！

大切にしたい援助のポイント

1 焦らず、発達に合わせて！

子ども一人ひとりの発達をよく見て、子どもの能力に合わせた援助をしましょう。

2 食事は楽しく！ 食事中の注意は避けよう。

食事が楽しいからこそ、食具をじょうずに使いたい・マナーを守りたいというモチベーションが高まります。

3 練習は短時間で！

エクササイズは、子どもが「もっとやりたい！」と思うくらいがちょうどいい時間です。

家庭に伝えられる情報も
充実しているので、
「おたより」などで
家庭に伝えてもらえると
うれしいな。

第1章

食具とマナーのための体の基本

正しい姿勢や栄養のとり方を
おさえることで、食具の使い方やマナーも
スムースに身につきます。

体のこと

はじめに正しい姿勢を知ろう！

食事マナーと体の関係

食事マナーの本を開いてすぐに「体のこと」から始まる本書の構成に、びっくりされる方もいらっしゃることでしょう。しかし、考えてみると、**食事は内臓の動きまで含めた「全身」の動作**。それを意識しているかどうかで、食べ方や量にも差が出てしまうのです。

例えば箸を使って食べるときに、私たちは手先・腕・上半身を連動させています。そのときに、背中が丸まっていると、腕が動かしづらくありませんか？　それが13ページで紹介する正しい姿勢で座ると、スムースに腕を動かせようになります。

そして、背筋を正して食べることで、姿勢が安定すると同時に、内臓にも負担をかけません。**猫背になると内臓が圧迫されて食べものが体内にうまく入っていきません**し、胸も閉じてしまって鼻呼吸もしづらくなります。すると咀嚼や消化が不充分になったり、口を閉じられずに音を鳴らして食べたり、結果としてマナーが守れない食べ方になってしまうのです。

箸を正しく使う、器を持つ、ひじをつかない、といった食事マナーの基本は、体と密接に関係しています。食事マナーを守ることは健康につながりますし、体によい食事のしかたはしぜんと食事マナーを守ることにもなると言えるわけです。

援助のポイント

スプーンの持ち方や箸の使い方の指導の前に、正しい姿勢について伝えることが、結果的にはマナー指導の近道になります。

食事のときの姿勢は、見た目の問題だけでなく、子どもたちの健康にも関係しているのね！

そのとおりだね。
それに、正しい姿勢でいるとまわりの人も気分よく、ごはんもおいしく食べられるよ。

チェックシート

座り方チェック

コピーして家庭に伝えよう！

子どもの姿勢を、座り方でチェックしてみましょう。
あてはまるものが多いほど、
姿勢が悪いと考えられます。

- [ ] 頭が前に出ている。
- [ ] 背中が丸まって前かがみになっている。
- [ ] 椅子の背もたれに寄りかかっている。
- [ ] 足をよく組む。
- [ ] 足の裏が床にぴったりつかない。
- [ ] ほおづえをつく。

援助のポイント

遊んでいるときに転んだりつまずいたりしやすい場合、姿勢が崩れて骨格バランスが悪くなっている可能性があります。

悪い座り方の例

座り方が悪いと、集中力が落ち、食欲もなくなります。その結果、食べ残しや遊び食べなど、様々なマナー違反が起きてしまいます。

こんな姿勢の子、
確かにいるかも……。
子どもたちの様子を
ふだんからしっかり
観察してあげることが
大切ね。

援助のポイント

子どもは筋肉量が少ないために、すぐ姿勢が悪くなりがちです。このような姿勢を見つけたら、「背中をピーンと伸ばそうね」「両足を床につけて座ろうね」といったように、やさしく声をかけましょう。

体のこと

食具を使う前に知っておこう

「腰を立てる」立ち方、座り方

前のページでもふれたように、**箸の練習など手先を使うことは、正しい姿勢ができてからでも遅くありません**。

食事のときに正しく座るためには、正しく立つことが大切です。そこで特に大切になるのが、腰を立てて背筋が伸びた姿勢です。

「腰を立てる」というのは、骨盤がまっすぐ立った状態のことで、つまり猫背にならないようにするわけです。立ってまっすぐ腕をおろし、指をそろえて太ももの側面に当てる「気をつけの姿勢」をとると、しぜんと腰が立ちます。それにより背骨が体の横から見てゆるやかな「S字カーブ」(11ページ)を描き、理想的な姿勢になります。子どもには「腰を立てる」という表現はむずかしいので、「背筋を伸ばす」程度の伝え方がよいでしょう。

猫背で座ると、頭が前に出てしまいます。頭はとても重いため、首や肩に大きな負担がかかり、さらに背中が丸まっていきます。足裏をしっかり着地し、腰を立てて背筋を伸ばして座りましょう。足裏を床につけると、食べ物が噛みやすくなり、落ち着きが生まれるといったメリットもあります(14ページ)。

大人もつい
猫背ぎみで
座ってしまう
かも……。

姿勢を保つ筋肉を鍛える

現代の子どもは、ハイハイや外遊び時間の減少などから、筋肉量が少なくなり、正しい姿勢を保ちづらい傾向にあります。ふだんから「腰を立てる」ことを意識し、背筋を伸ばして立ったり座ったりするだけでも、子どもの筋肉に適度な負荷がかかり、姿勢を保つ体幹を鍛える効果があります。正しい姿勢を常に心がけるとよいですね。

「姿勢が悪いかな?」と
思ったときに意識する
だけでも効果的。
正しい姿勢の見本に
なれるね。

腰を立てる座り方

腰が立っていない座り方と、腰が立っている座り方を
イラストで比べてみましょう。

腰が 立っていない 座り方

骨盤が後傾して、背骨が弧を描いてたわんでいます。いわゆる「猫背」の姿勢で、内臓や神経が圧迫されるため、食欲の低下などが起こりやすくなります。

腰が 立っている 座り方

骨盤がまっすぐ立ちあがり、背骨がゆるやかなＳ字カーブを描いています。もっとも無理なく頭の重さを支えられる姿勢です。食べ物も体に入っていきやすくなり、気分も明るくなります。

Q 猫背はどうしていけないのでしょうか？

子どもたちがすぐに猫背になって犬食いをしてしまいます。いけない理由がわかれば、教える側も説明がしやすいのですが……。

頭はとても重いため、支えきれずに前傾して猫背になり、ひじをついたりしてしまいます。楽な姿勢かもしれませんが、よい姿勢ではありません。

猫背になると、内臓が圧迫されます。下を向くことで食べ物が通る食道が狭まり、誤嚥やのどの詰まりなどの危険もあるでしょう。また、胃や腸の動きが鈍くなり、消化不良など内臓機能の低下をまねき、食べられるはずの量も食べられなくなってしまいます。血の巡りも悪くなるため、とった栄養が全身に行き渡りづらくもなるなど、デメリットばかりの姿勢です。

正しい姿勢であれば、内臓への負担なく、スムースに栄養がとれます。

正しい姿勢で、立つ→座る

コピーして
家庭に
伝えよう！

正しい立ち方と座り方のポイントを紹介します。
正しく立つ姿勢ができれば、座り方もおのずと改善していきます。
食事のときなど、椅子に座る前に、正しく立つ練習もしてみましょう。

1 まっすぐ立とう！

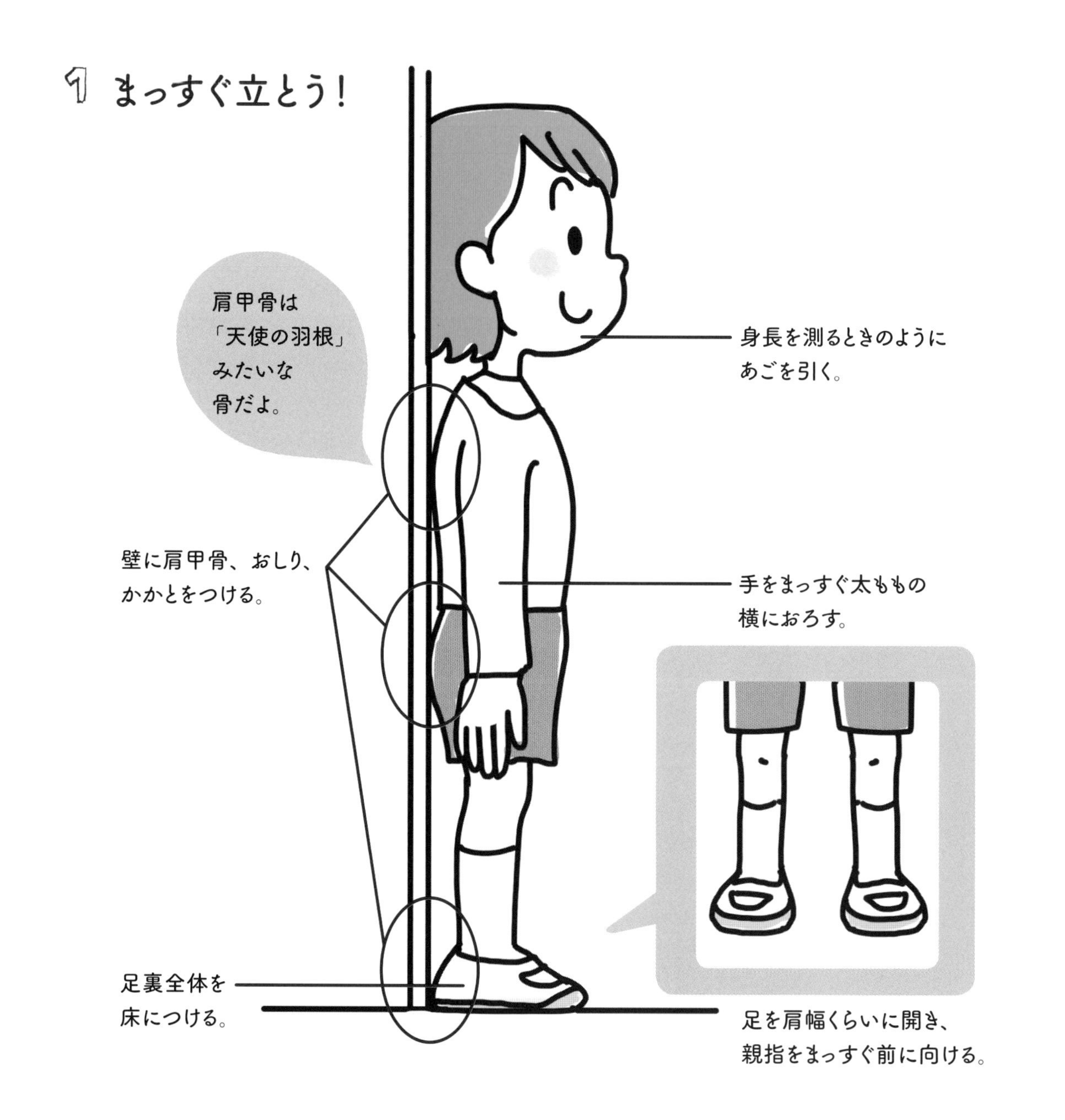

肩甲骨は「天使の羽根」みたいな骨だよ。
身長を測るときのようにあごを引く。
壁に肩甲骨、おしり、かかとをつける。
手をまっすぐ太ももの横におろす。
足裏全体を床につける。
足を肩幅くらいに開き、親指をまっすぐ前に向ける。

2 そのまま着席！

コピーして
家庭に
伝えよう！

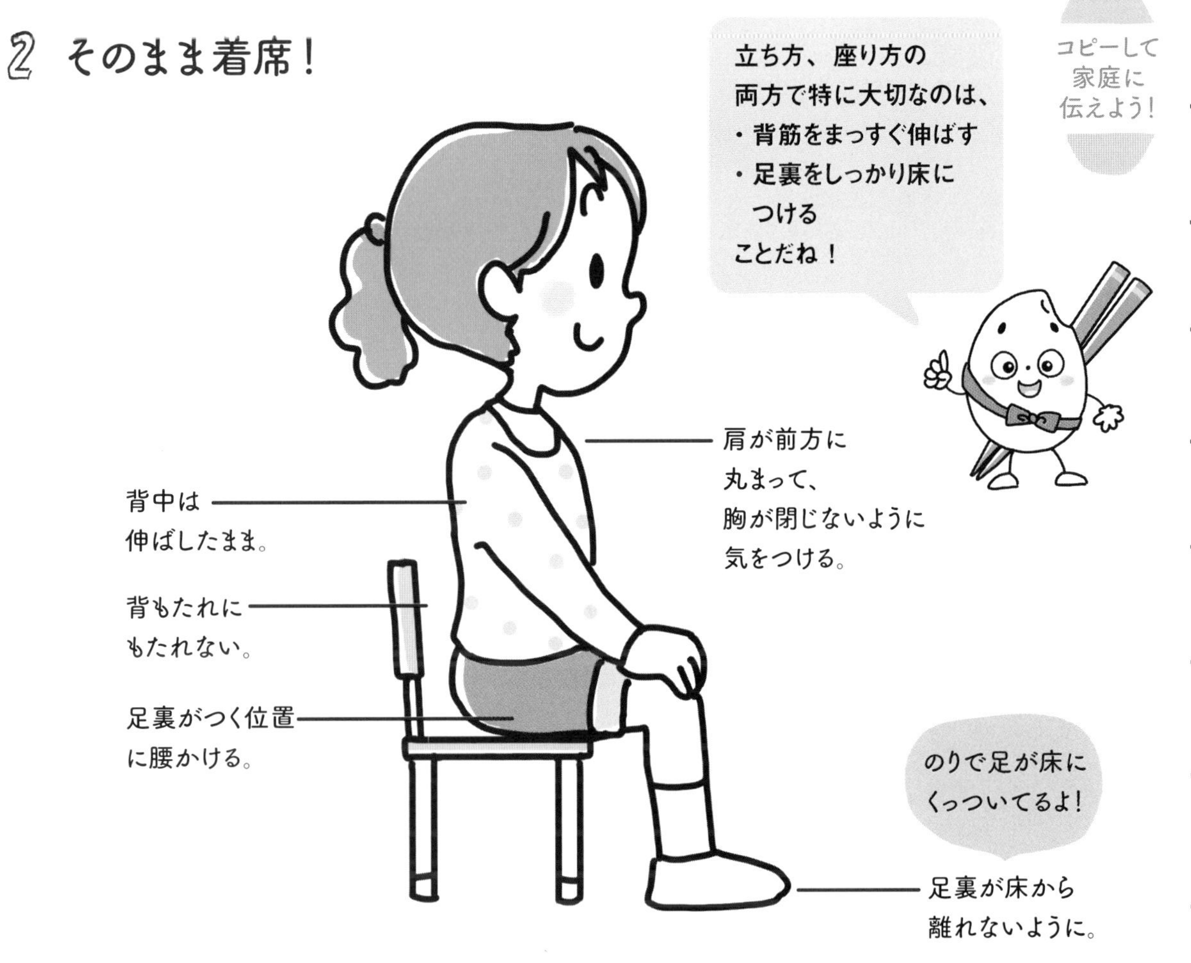
立ち方、座り方の
両方で特に大切なのは、
・背筋をまっすぐ伸ばす
・足裏をしっかり床に
つける
ことだね！
背中は
伸ばしたまま。
背もたれに
もたれない。
足裏がつく位置
に腰かける。
肩が前方に
丸まって、
胸が閉じないように
気をつける。
のりで足が床に
くっついてるよ！
足裏が床から
離れないように。

姿勢

（家庭への支援）正しい姿勢を保つためには、テーブルと椅子の高さを調整することが大切です。

椅子に座る場合

椅子に座って足裏が床につかないときは、紙パックなどで作った踏み台を置き、その上に足をのせる。

ハイチェアの場合

ひじの高さがテーブルと同じ高さになるよう、座面と足を置く板の高さを調整。

座卓の場合

正座時のひじの高さがテーブルと同じ高さになるよう、バスタオルなどを重ねて調整。

体のこと

足を床につけて、よく噛もう

踏ん張りと咀嚼

食べるときは、足を投げ出したりせず、足裏全体を床につけましょう。**人間は噛むときに踏ん張ることで姿勢が安定**し、充分な力で噛むことができます。

逆に、しっかり噛む食事であれば、おのずと足を踏ん張ります。最近、固いものを噛み砕く食習慣が失われ、奥歯を使わない子どもも増えてきました。すると、噛みしめることができないため、踏ん張ることもむずかしくなり、足をぶらぶらさせるなどのマナー違反につながってしまうのです。

また、足がぶらぶらすると、心理的に落ち着かず、情緒不安定になります。足のぶら下がるジェットコースターなどは、まさにこの心理を利用しています。足を床につけることは、心理面でもとても大切です。

援助のポイント

口を閉じて噛むと、口中のうるおいが保たれ、香りもしっかりと鼻を抜けるため、より豊かに味が感じられます。口を開けて噛んでしまっているときは、「口を閉じるとごはんがもっとおいしくなるよ」といった言葉かけをしてみましょう。

噛むことの大切さ

噛むことは、唾液の分泌を促す効果があります。唾液は胃腸での消化吸収を助けるだけでなく、口の中をきれいに保ち、虫歯を予防し、細菌を入れないといった効力もあります。

また、唾液は味覚を伝えるためにも必要です。口中がうるおうことで、舌にある味を感じる組織「味蕾（みらい）」が立ちあがり、味を感じることのできる面積が広がります。味わいを感じることは、脳の成長にも効果があります。味覚が整うことで、脳が活性化され、怒りにくくなるなど情緒も安定してきます。

このように、噛むことはメリットがたくさんあります。食事マナーの点でも、**よく噛むことで、落ち着いて味わいながら食べることができる**ようになります。食事がさらにおいしく、楽しくなりますね。

唾液をたくさん
出すことが
大切なのね。

三十回噛もう！

よく噛むと、心も体も健康になります。一口三十回を目安に
噛むようにしましょう。習慣にすることが大切です。

よく噛んでくれると、
ぼくもうれしいな！

十文字×三回！

「ありがとうございます」など十文字の言葉を考え、一文字ごとに一回噛みましょう。それを心の中で三回くり返せば、三十回になります。

援助のポイント

噛まずに飲み込んでしまいがちな「かき込み食べ」には気をつけましょう。食事の時間を充分にとって、慌てずゆっくり噛んで食べましょう。

Q 家ではどのような椅子を使ったらよいでしょうか？

一歳の子どもに、テーブルの天板に挟んで取り付けるタイプの椅子を使わせていますが、落ち着きがなくて困っています。

場所を取らず、子どもも椅子から抜け出しにくいため、そうした椅子を使っている家庭も多いのではないかと思います。しかし、小さいうちからしっかりと足裏をつけ、踏ん張りながら食べ物を噛む体験をすることは、とても大切です。

踏ん張ることで食べ物が噛みやすくなるため、食事の量が増えたり、食事により集中できるようになったりします。逆に、足がぶらぶらしていると力を入れて噛みづらいため、食事に飽きてしまったりして集中できなくなります。

ダイニングテーブルなど高いテーブルで食事をする場合は、足をのせる板のついた子ども用の椅子を使ったり、足裏がつくように台を置いたりするなど、ひと工夫するとよいですね（13ページ）。

体のこと

知っておきたい、手の動き

手を「回す」動きを経験する

改めて意識してみるとわかりますが、茶碗を持ったり箸で食べ物を口に運んだりするとき、手のひらを上に返す動き、つまり手首を回す動きを頻繁にしていることに気がつくでしょう。

反面、**日常生活の中からは、手首を回す動作は確実に減っています**。例えば、回転式のドアノブや蛇口はほとんど姿を消しました。昔なら手伝いの定番であった雑巾絞りや窓ふき、はたきがけなど、手首をよく使う掃除も少なくなっています。こうした生活習慣の中で、手首の硬い子が増えていることがたびたび指摘されています。

そのため、保護者と保育者が意識して、**遊びや生活の中で「手首を回す」ことを体験させてあげる**環境を整えたいもの。手首を鍛えることで、食具の扱いもスムースになることでしょう。18～19ページでは、これらの筋肉を動かす簡単なエクササイズを紹介しています。

援助のポイント

29ページで紹介している「ふた回し」は、手を回す動きを経験させるのにちょうどよい遊びです。ふだんから遊べるように、おもちゃの一つとして常備しておきましょう。

三つのグループに分かれる手指

手指は「親指と人差し指」「中指」「薬指と小指」の三グループに分かれ、同じグループの指は連動しやすくなっています。そのため、例えば箸の持ち方では、以下のように役割が分かれています。

親指と人差し指	上の箸を支える。
中指	上の箸を動かす。
薬指と小指	下の箸を支える。

また、小指は「握る力」をつかさどる重要な指です。小指に力が入ると、手全体に余計な力が入ります。小指の力を抜くことは、箸を持つときのポイントになります。

上の箸を三本指で
持つことには、
理由があったんだね！

手指の三グループ

手指は三グループに分かれ、それぞれのグループ内で連動しています。
また、それぞれに得意な役割があります。これらを知ることで、
箸の持ち方がとても合理的にできていることが分かります。

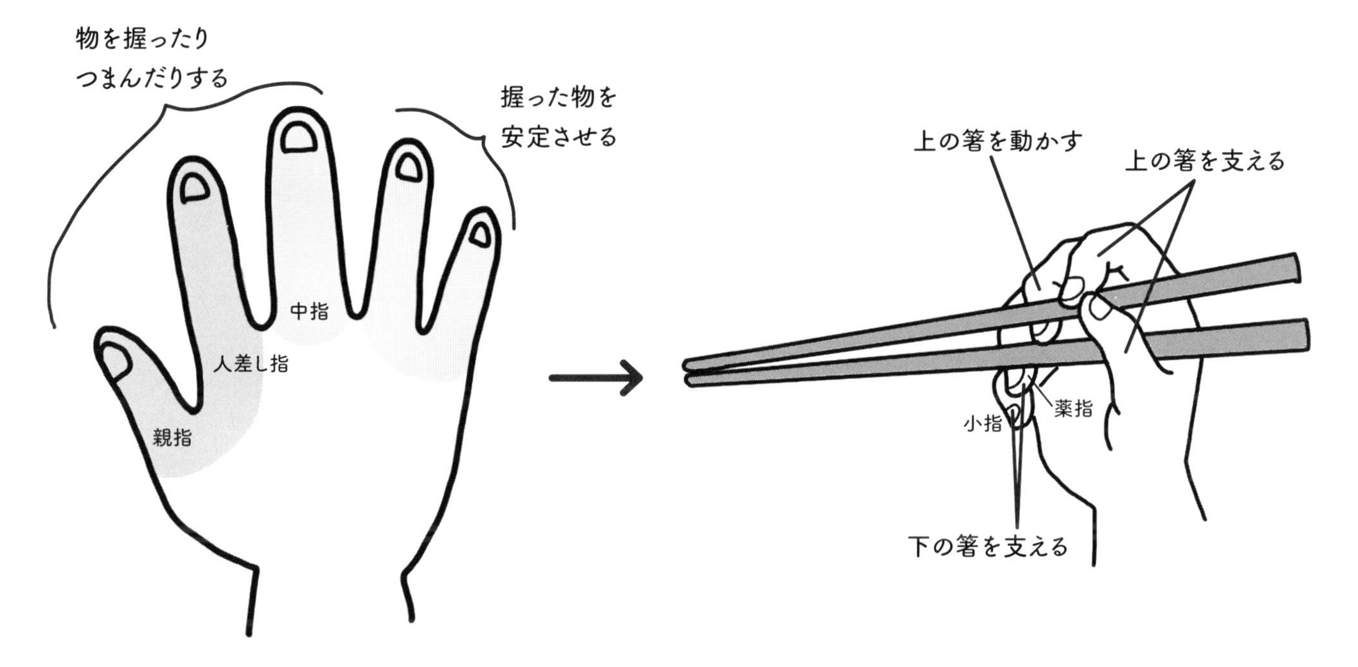

Q 子どもがほおづえをついてしまいます。どうしても直らないのですが、解決方法はあるでしょうか？

ほおづえをしているときの姿勢を観察してみてください。よほど高いテーブルでなければ、ほおづえをつくときに脇が開いていることに気づくでしょう。

ひじをテーブルにつこうとすると、おのずと前かがみになって脇をあける姿勢になります。つまり、逆に「脇をしめる」と、ほおづえがつきにくくなるのです。脇をしめることで、二の腕、手先がより安定し、食具が扱いやすくなる効果もあります。ぜひ、「脇がしまっているかどうか」に注目してみてください。もし脇がしまっていなければ、利き手側の脇に小さなボールなどを挟んでみて、脇をしめる感覚を味わわせてもよいでしょう。そうすれば、「ボールを挟んでいるみたいにしようか」などの言葉かけで、子どもたちはアドバイスがわかりやすくなります。

また、テーブルの高さも重要です。テーブルの天板が肋骨の下部あたりにくるようにすると食事しやすく、ひじもつきづらくなります。

やってみよう！
エクササイズ

正しい姿勢や体の使い方に
つながる体操です。

ガチャガチャ体操

手首を「回す」動きを養う準備体操です。

腕を前や下に伸ばして、
ドアノブを回すように
両手首を回転させる。

ポイント

初めは三回、次は五回など、無理せず少しずつ増やしましょう。

バンザイをするように
腕を上にあげて、「ガチャガチャ体操」と同じように手を回す。

バンザイ体操

手首を回すことと同じように、経験の機会が減っている
「手を上にあげる動作」。この動きをすることで、
脇・二の腕・背中の筋肉が伸びます。
さらに、「ガチャガチャ」の動きを組み合わせることで、
ふだん使わない様々な筋肉を
動かすことができます。

食事の前に
パッとおこなうだけでも、
食事のときにしぜんと
動きが生きてきそうね。

肩グルグル体操

固まった胸と肩甲骨の筋肉をほぐす体操です。
それらの筋肉がほぐれて胸が開くと、
咀嚼しやすくなるだけでなく、
呼吸も楽になります。

胸と肩の間あたりに手先を当てて、前後にゆっくり三回ずつくらい回す。

ポイント　鼻呼吸がしやすくなれば、口呼吸が原因のクチャクチャ食べも防ぐことができます。筋肉がほぐれ、猫背の防止にもなります。

頭上下体操

猫背や、頭が前に出てしまいがちなときの体操です。頭を支える筋肉を鍛えます。
口を閉じながらおこなうことで、鼻呼吸の練習にもなります。

口を閉じたまま、上→正面→下の順にゆっくりと頭を動かす。三回ほどおこなう。

ポイント　あごを胸につけるように下を向きます。そのとき、首のうしろと背中が伸びていることを意識しましょう。

栄養のこと

バランスのよい食べ方がマナーにつながる

「ばっかり食べ」がダメな理由

食事マナーでは、順序よく、バランスよく食べることを推奨しています。一つの物を立て続けに食べる「ばっかり食べ」はなぜいけないのでしょうか？

食材はメインとなる栄養素ごとに五つに分類され、それぞれ役割をもつのはご存知の通りです（右ページ参照）。**和食は、それらの栄養素が一汁二菜の中にバランスよく並んでいるため、健康によいわけです**。そこで「ばっかり食べ」をしてしまうとどうでしょうか。特に子どもの場合は、栄養素を満遍なくとる前におなかがいっぱいになってしまい、栄養が偏ることにもなりかねません。それを避ける工夫として三角食べ（62ページ）が生まれました。食事マナーを守ることは、栄養の面からも大切なものだと言えます。

血糖値にも注目

食事の順序に関連して、血糖値の話にも少しふれておきます。血糖値とは、血液に含まれるブドウ糖の量のことです。肥満の一因ともなる血糖値の急な上昇を避けるための食べ方は、和食を例に62ページでも紹介しています。血糖値の観点から言えば、和食は汁物から食べるのがおすすめです。飲みやすい温度の汁物は、体に食べ物を入れるウォーミングアップに最適です。ごはんを先に食べる場合は、いきなりたくさん食べることは避けましょう。ごはんは糖質なので、血糖値が急にあがり、体に負担がかかります。また、副菜の野菜に含まれるビタミンや食物繊維などは、血糖値をゆるやかにあげる効果があります。こうしたことからも、食事は順序を考えてよく噛んで食べることが大切です。

体がびっくりしないように、
まずはみそ汁やスープから
食べるのがいいんだね！

バランスよく栄養をとろう

五大栄養素から和食を考えると、「順序よく食べる」ことの
意味がよりよく理解できます。63ページの「4つのおさら」とも対応します。

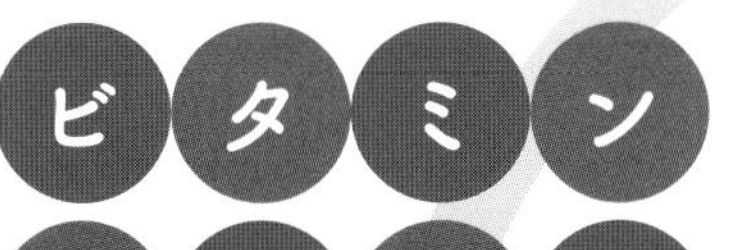

ミネラル

体の調子を整える、
潤滑油的な役割です。
野菜、海藻、果物など

炭水化物

体を動かすエネルギー源に
なります。
米、小麦、いもなど

脂質

高エネルギー源で、脂肪として
体に蓄えられたり、
体温を維持したりします。
バター、油、ナッツなど

たんぱく質

筋肉や血液、内臓、皮膚など、体のもとになります。
肉、魚、卵、牛乳、豆など

困った！ 教えて！ Q&A

Q 嫌いな物が多くて困っています。

栄養バランスの偏りが気になるのですが、嫌いな物を食べてくれるよい方法は
ないものでしょうか？

結論から言えば、嫌いな物を、無理に食べさせる必要はありません。足りない栄養は、別の物からとればよいのです。嫌いな物を克服させようと執着すれば、大人も子どもも食事が楽しくなくなります。味覚は記憶とも結びついています。食事が楽しいとおいしく感じられ、嫌いな物もしぜんと食べられるようになります。

また、嫌いな物は、年齢とともに味覚が発達すれば食べられるようになることもあります。焦らず味覚の成長を見守りましょう。

知って納得、こぼれ話①

「噛むと健康になる」ことを広めたのは誰？

「噛むことは体にいい」と言われますが、それを実践することで健康な体を取り戻した、ホーレス・フレッチャーという人がいます。

ホーレス・フレッチャーは、1849年生まれのアメリカの実業家です。事業が成功して財をなしたフレッチャーの楽しみは、世界のおいしい物をどっさり食べること。料理人を五人も雇って、世界中のおいしい物を毎日食べていたそうです。そのような食生活がたたって、四十歳にして体重は百キロを超え、生命保険の契約も断られ、医師からは「余命いくばくもない」と見放されるような状態になってしまいました。

そのときフレッチャーは、八十歳を超えても健康そのものであるイギリスの首相、ウイリアム・グラッドストンのこんな言葉を耳にします。「天は私たちに三十二本の歯を与えたから、歯の数だけ噛むようにしている」。そこで、フレッチャーは噛むことを中心とした健康法を実践することにしたのです。彼の唱えたことは、具体的には次の内容です。

お米も、よく噛むと
甘くておいしいよ。

①本当の食欲が出るのを待て
②もっともよく食欲を訴え、かつ食欲の要求する有効な食物を選べ
③完全に咀嚼して、口の中の食物にある味覚を味わい尽くし、
実際に飲み込むよりしかたがなくなってから飲み込め
④楽しみながら味覚を味わい、他のことを考えるな
⑤食欲の起こるのを待て、そしてできるだけ食欲の示すものをとり、
よく噛み、かつ楽しめ、それからあとの処理は自然にうまくいく

その結果、彼は七十歳ごろまで元気に自分の人生を楽しんだと言われています。彼が世界に広めたこの「噛む健康法」は、「フレッチャーイズム」と呼ばれています。噛むことは、こんなにも健康によいことなのです。

第2章

発達に合った食具と箸の使い方

食具と箸は、発達に合わせて段階的に
使っていくことが大切です。発達に合わせた食具と箸の
使い方や練習のしかたを紹介します。

箸を使うまで

手指の発達と食具の関係

「そろそろ○歳だからスプーンを、○歳だから箸を」と考えていませんか？　食具は、子どもたちに一律に与えるのではなく、子ども一人ひとりの発達の段階に合わせて選びます。手指の発達に合って、初めてじょうずに食具が使えます。ここでは、手指の発達の段階と食具についてまとめました。

手指の発達

1 親指が別に動く

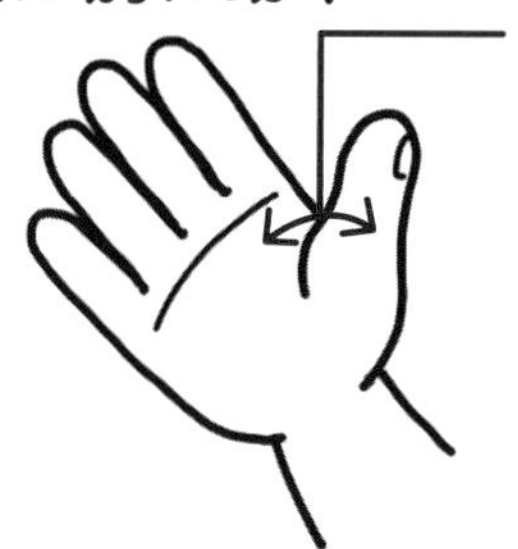

親指のつけ根が開き、
親指が独立して動く

↓

2 「親指・人差し指・中指」と「薬指・小指」が別に動く

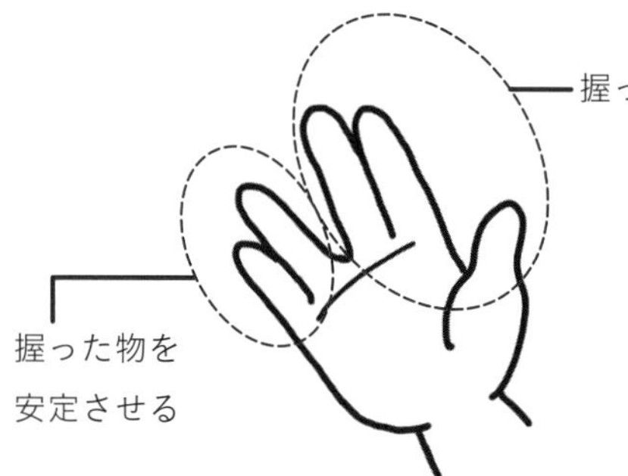

把握の発達

1 つかむ（四か月ごろ）

手の小指側で物をつかみ、手首は手のひらの方向に曲がっています。

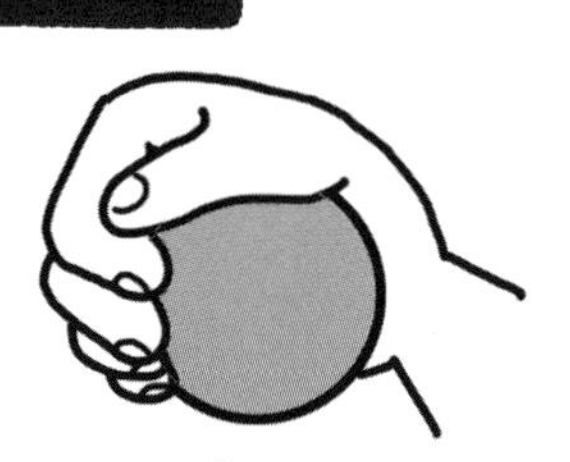

↓

2 握る（七か月ごろ）

親指とほかの四本の指で物を握り、手首は伸ばすことができます。

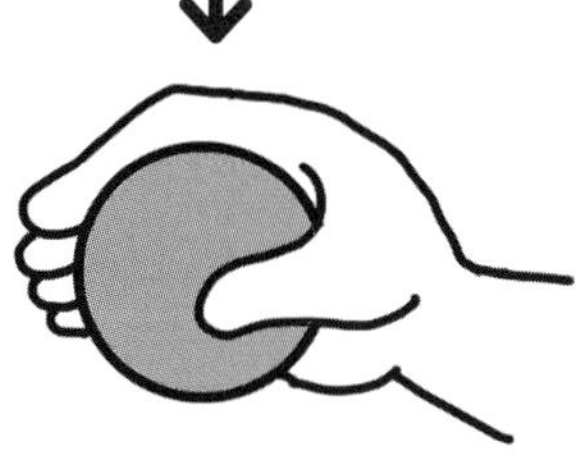

↓

3 握る（八か月ごろ）

手のひらではなく、親指、人差し指、中指で握ることができます。

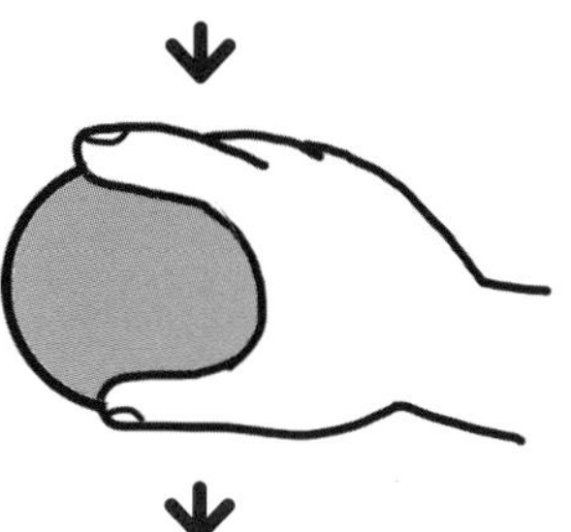

↓

4 つまむ（九か月以降）

親指と人差し指の先で小さな物をつまむことができます。

発達段階と食べ方の対応

好き嫌いや食べる早さ、食べる量、手指の器用さなど、食に関することは、特に子どもたちの個性が出ます。発達段階と食べ方や使う食具の対応について、目安を以下の表にまとめました。

時期の目安	手指の発達	食べ方
七か月ごろ	親指とほかの四本の指で物をつかむ	手に持ったビスケットや幼児用せんべいなどを口に入れる
八か月ごろ	↓ 親指・人差し指・中指で物をつかむ	たまごボーロなど小さなものをつまんで口に入れる
九か月ごろ	↓ 親指・人差し指で小さな物をつまむ	**親が食事を与えるスプーンをほしがる** ・この時点では、スプーンはおもちゃ ※柄が短く、持ち手が太めのベビースプーンを用意 ・手で食べられるサンドイッチなどを用意する
一歳ごろ	↓ 食べ物を手で運んで口に入れる	**スプーンを持ち始める** ・手のひら握り⇒指握り⇒鉛筆握りの順に変化していく **一歳半くらいまでは、手づかみ食べを充分にさせてあげる** ・「自分で食べたい」という気持ちを大切に
二歳ごろ	↓ じゃんけんの「チョキ」をつくる	スプーンを鉛筆握りで持つ
二歳半ごろ	↓ 丸を描く／はさみで切る など	**箸に興味をもち始める** ※自分に合った長さの箸と、箸の補助具などを用意
三歳ごろ	↓ ボタンをとめる／線をなぞる など	箸を持ち始める

食具と箸

手を使う「食事」は絶好の学びに

モンテッソーリ教育で知られるマリア・モンテッソーリは、手を「心の道具」と呼んでいました。子どもの知能は手を使うことによってさらに高められ、人格や性格の形成にもよい影響を与えると語っています。

ところでみなさんは、今までに何回食事をしたでしょうか？　毎日三食とすると、一年で千回以上、十年で一万回以上です。食事でしっかり手を使うことは、子どもにとってすばらしい成長の機会となるのです。

箸を使うまで

手づかみ食べはとても大切

手づかみ食べは「食事マナー」への第一歩

大人にとっては簡単に思えてしまいますが、子どもにとって、初めての手づかみ食べは簡単なものではありません。目で見た位置に手を持っていったり、いろいろな形の食べ物を適量つかんだり、それをまた口まで運んだりするというように、様々な動作を複合的におこなう必要があるからです。

手づかみ食べや生活の中での多様な体験から、脳と手の連携が深まることで、手指の巧緻性が高まって子どもたちは徐々にスプーンをうまく使えるようになっていきます。その延長線上にあるのが、正しい姿勢や箸の使い方などのマナー。**手づかみ食べを充分に体験させることが、食事マナーを身につける土台**になります。

手づかみ食べの段階

手づかみ食べにも段階があります。手や指の発達、口の動きなどが連動していくことで、手づかみ食べも少しずつうまくなっていきます。

①手のひらで口に押し込む

手づかみ食べの初めのころは、手のひらで食べ物を口に押し込むような食べ方をします。

②指でつまんで口に入れる

指の発達が進むと、食べ物を指先で持って口に運びます。また、食べ物を唇ではさんで歯で噛み切ることも並行して覚えていきます。一口の量を知ることが、後々の食事マナーにつながります。

援助のポイント

手づかみ食べを始めたら、スプーンを常にテーブルに置いておきます。「やりたい！」の気持ちが生まれたときに、いつでも自由に持てるようにしておきましょう。

援助のポイント

「おいしいね」「じょうずだね！」など、食事の楽しさを感じさせ、自分で食べたい気持ちをはぐくむ言葉かけが大切です。

家庭への支援

手指の能力を養い、スプーンを自分で使えるようになるためにも、手づかみ食べはとても大切な段階です。「手やまわりを汚すから」と手づかみ食べを止めず、充分に体験させる必要性を伝えましょう。

手づかみ食べの段階

手づかみ食べは、下のような段階で発達していきます。

1 手のひらで口に押し込む

2 指でつまんで口に入れる

家庭への支援

Q 食べ物で遊んだり、食事中に立ち歩いたりします。

どうすれば遊び食べをしなくなるでしょうか？　また、食事マナーのことも気になるので、遊び食べと手づかみ食べの違いはどう見極めればよいでしょうか？

一～二歳の子どもはおなかがすいていれば夢中で食べますが、すぐにおなかがいっぱいになります。食べ物で遊んだり、立ち歩いてしまうというのは「もうおなかいっぱい！」のサインなのです。

また、子どもにとって、長時間集中して座っていることはとても苦痛です。おもちゃなど、周囲に興味を引くものがあればなおさら。「食事は椅子に座って食べる」ということをやさしく教えながら、周囲の環境を整え、一度の食事量を少なめにするなど、長い時間拘束しない工夫も必要です。食べる量が足りなければ次の食事やおやつで補おう、といった気持ちの切り替えも大切です。

遊び食べと手づかみ食べの違いは、口に食べ物を入れようとしているかどうかで判断するとよいでしょう。口に食べ物を近づけると顔をそむけるなど、おなかいっぱいのサインがあればごちそうさま。満腹かどうか、子どもの様子をよく観察するようにしましょう。

やってみよう！
エクササイズ

手指の力や巧緻性、
手首の柔軟性などを高めます。

手遊び歌

手遊び歌で、楽しく手指の発達を促していきましょう。
ここでは園でよくうたわれる曲の中から、
特に食具の持ち方につながる手遊び歌を紹介します。

♪はじまるよ、はじまるよ

指を一本から五本まで順番に使うため、
バランスよく手指を動かせます。

ポイント

活動の導入曲として定番の「はじまるよ、はじまるよ」。食具を持つ練習の前に手指をほぐすエクササイズとしてもぴったりです。

♪グーチョキパーで何つくろう

「チョキ」の動きが入っているため、
スプーンや箸の持ち方の練習につながります。

ポイント

手遊び歌は、どれも手指や体の動作の発達、言葉の理解につながります。また、動作と言葉を一致させるトレーニングにもなります。

洗濯ばさみつまみ

すぐに用意できる洗濯ばさみが、
「つまむ・はなす」動作の練習グッズになります。

親指と人差し指で洗濯ばさみをつまんで、
開けたり閉じたりします。

ポイント

親指と人差し指でできなければ、中指を添えてもＯＫ。小さい一般的な洗濯ばさみは力がいるので、二歳半くらいまでは物干し竿をはさむような大きめの洗濯ばさみを使いましょう。

食具と箸

ふた回し

ひねる動作は、スプーンで物をすくったり、
箸で持った物を口に入れたりするときに必要です。
フタを開ける遊びを通して、ひねる動作をたくさん経験させましょう。

ペットボトルで

ペットボトルのフタを三つ重ねてテープでとめます。
フタが長くなるのでつかみやすくなり、
低年齢児でも開けやすくなります。

こんなものも使ってみよう！

- ジャムなどの小ぶりのビン
- ハンドクリームなどの容器

子どもの手で無理なくつかめる範囲で、いろいろな大きさの容器を用意してみましょう。容器やフタの側面にすべり止めのフェルトを貼りつけると、フタをより回しやすくなります。

箸を使うまで

スプーンを使おう

初めての食具、スプーン

手づかみ食べがじょうずにできるようになってきたら、スプーンを使い始めるタイミングかもしれません。手でつかんで食べ物を口に入れることができなければ、スプーンを使うことがむずかしいからです。手づかみ食べと並行して、スプーンに徐々に慣れていくようにしましょう。

援助のポイント

スプーンを使うと一口分の量が口に入るため、食事のおいしさを感じやすくなります。その体験の積み重ねも、子どもの「やりたい！」気持ちをはぐくむためには大切です。

スプーンの選び方・持ち方・教え方

スプーン選びは発達に合わせて

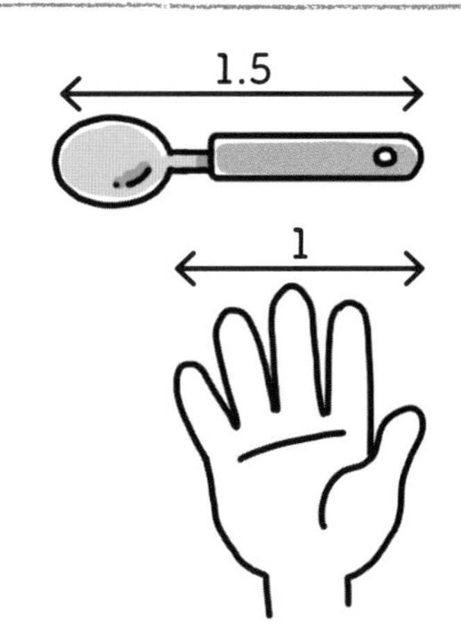

- 柄が細すぎず、安定して持てる
- 手のひらの1.5倍くらいの長さ
- 口に入る量に合った深さ
- 軽量（木製、プラスチック製）

スプーンは、持ちやすく皿部が大きすぎないものを選びましょう。スプーンの持ち手は、細すぎたり長すぎたりすると、皿部がグラグラと揺れて安定しません。また、食べ物がこぼれたりしないよう、つい皿部が大きめのスプーンを選んでしまうことがありますが、皿部は幅が大きいと口に入れづらく、また深さがありすぎると一口の量が多くなり、詰め込み食べにもなってしまいます。口の幅よりも小さく、一口で食べやすい量であることを確認しましょう。

しっかり食べられるようになるまでは軽いスプーンを使うと、手が疲れてスプーンを離すことも少なくなります。

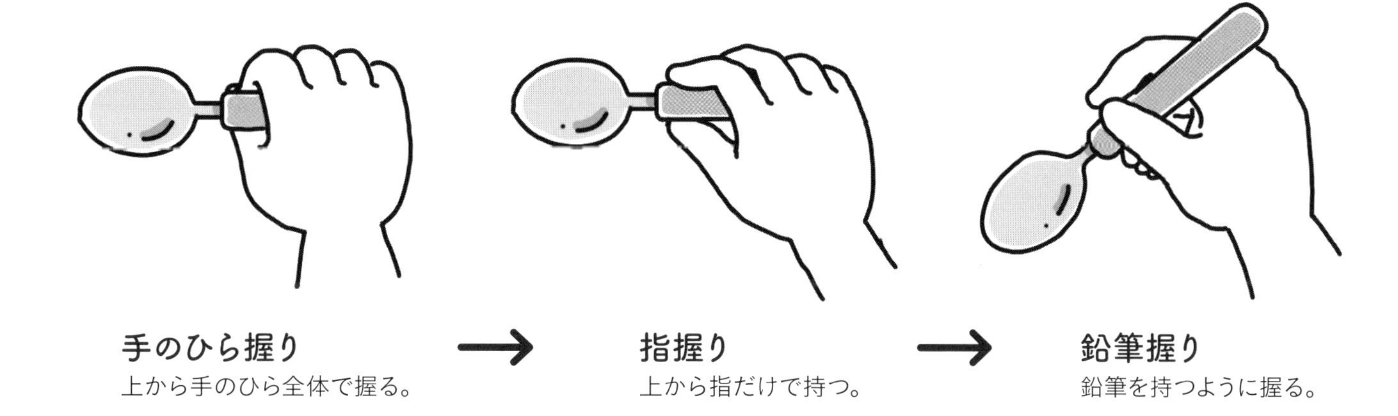
手のひら握り
上から手のひら全体で握る。
指握り
上から指だけで持つ。
鉛筆握り
鉛筆を持つように握る。

スプーンの持ち方

スプーンの持ち方は、初めは手のひら全体で柄を上からつかむように持つことが多く、手指や手首の能力の発達とともに、徐々にそこから指握り→鉛筆握りになっていきます。手のひら握りでないと食べられない子は、焦らず見守りましょう。

スプーンの教え方

- 子どもの「やりたい」気持ちを大切に
- お手本を見せ、やさしく誘導する
- 指先やおもちゃのスプーンを使った遊びをする

「自分もやりたい！」とスプーンに手を伸ばしたときが、スプーンを教え始めるサインです。「やりたい」気持ちを支えられるよう、やさしく援助するようにします。

初めはスプーンを「食べる道具」だと理解できていないかもしれません。そのため、指でつまんで遊んだりすることもありますが、スプーンを持ち直させたりせず様子を見ましょう。

やがて指握りを経て、**しっかりした鉛筆握りができるようになれば、箸を持つ準備が整ってきた合図**です。鉛筆握りは、箸の持ち方につながります。

家庭への支援

ふちに返しがついている皿にしたり、スプーンに乗せやすい形に食べ物を切ったりするなど、スプーンですくいやすくする工夫をしてみましょう。うまくすくえたときは、「じょうず！」とほめます。食べる楽しさや達成感を味わわせてあげることが大切です。

援助のポイント

スプーンで食べ物をすくっても、口に入れるのは簡単ではありません。そのときは、ひじに手を添えて口まで誘導してあげましょう。くり返していると、やがて口との距離感などもわかってきます。スプーンを使う友達や保育者の様子を見せるのも有効です。
スプーンを思い通りに操作できるようになるには、18・19ページや28・29ページのエクササイズ、おもちゃのスプーンですくう動作をする遊びなどがよいでしょう。

やってみよう！
エクササイズ

箸を使うための頭と体の
準備運動です。

曲げ伸ばし体操

箸に向けた準備体操を、段階を追っておこないます。
言葉と動作を一致させながら、
手指の運動能力も高めることができます。

1 全身で

低年齢児は、言葉と動作を結びつけるために、全身を曲げ伸ばしします。「北風と太陽」などを使って声かけするのがおすすめです。

「北風が来て寒いよ、体を曲げて」

手脚や腰をしっかり曲げます。

「太陽が出てぽかぽかだよ、
体を伸ばして」

全身を思いっきり伸ばします。

2 両手でグーパー

両手の指をグーパーの要領で
曲げ伸ばしします。

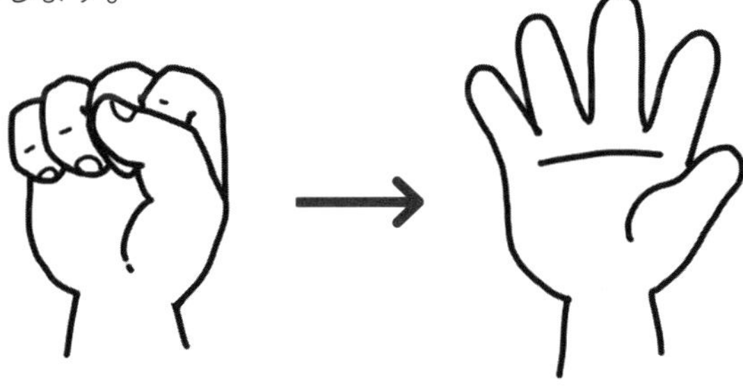

「お指をみんな曲げて、伸ばして」

ポイント

両手同時でなく片手ずつおこなうことで、「左右」を教えることもできます。

3 両手の二本指

（同時に）

人差し指と中指を同時に曲げ伸ばしして、親指の腹につけたりはなしたりします。薬指と小指は、できれば折り曲げたまま動かさないようにします。

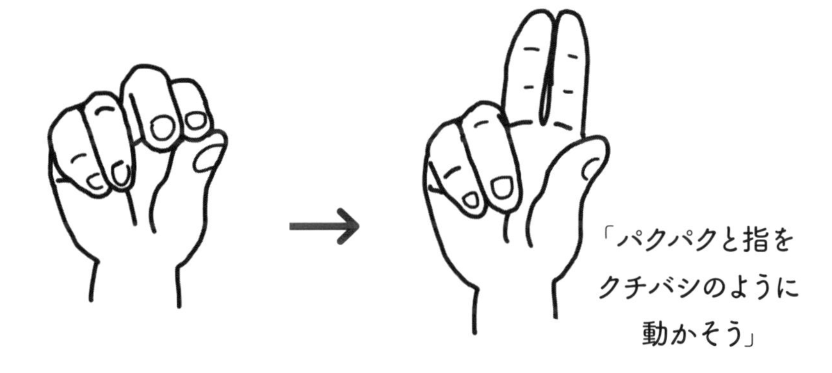

「パクパクと指を
クチバシのように
動かそう」

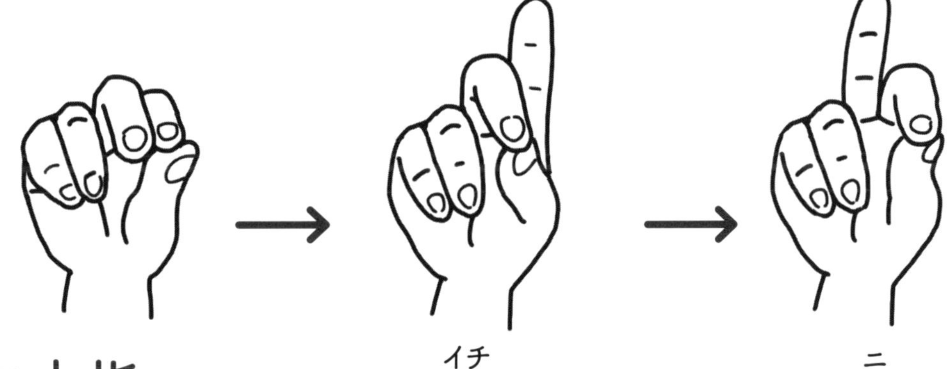

4 両手の二本指

（交互に）

今度は人差し指と中指を交互に親指の腹につけたりはなしたりします。

「イチ・ニ、イチ・ニとリズムよく
指を動かしてみよう！」

箸を使って

箸を使い始めるサインはコレ！

箸の練習を始めたい！　と思ったら

　スプーン、フォークなどに使い慣れてくると、「いよいよお箸だ！」と思われるかもしれません。しかし、焦りは禁物！　箸の練習をスムースに始めるために、二つのことに注目してみましょう。それは、**「体＝運動能力」と「頭＝言語能力」の準備ができているかどうか**。具体的なチェック項目は、右のチェックシートにまとめてあります。箸とは無関係に思えるこれらの能力がなぜ必要なのでしょうか。その項目を一つずつ解説していきます。

体＝運動能力について

両手を広げて片足立ち

　箸を正しく持って動かすには、体の末端である手先や足先まで脳からの指令が伝わらなくてはいけません。この姿勢ができるということは、体が隅々までコントロールできている証拠です。

スプーンの鉛筆握り

　鉛筆握りは、正しい箸の持ち方につながっていきます（43ページ）。

じゃんけんの「チョキ」

「チョキ」ができることは、細かい指の動きができるという一つの指標になります。

頭＝言語能力について

練習で使う言葉の理解

　箸の練習には「右手で持ってね」「お母さん指を曲げてね」といった様々な指示や単語の理解が欠かせません。特に「曲げる・伸ばす」という動きと言葉が一致すると、練習がスムースに進みます。

援助のポイント

子どもの能力が追いついていないまま箸の練習を始めると、子どものモチベーションをさげ、正しい持ち方が身につかない結果にもなります。子ども一人ひとりの発達をよく見て取り組みましょう。

家庭への支援

右のチェックシートをコピーして保護者に渡し、家庭でも実践してもらいましょう。家庭での箸への理解が深まり、適切な時期に練習を始めることができます。

援助のポイント

大切なのは、箸に興味をもったタイミングで練習を始めること。子ども自身が「やりたい！」と思えたときに始めれば、箸の練習を楽しく、効果的におこなうことができます。

チェックシート

箸の練習を始める前に

コピーして家庭に伝えよう!

箸を持つ準備はできたかな?

できるものに○をつけましょう。

食具と箸

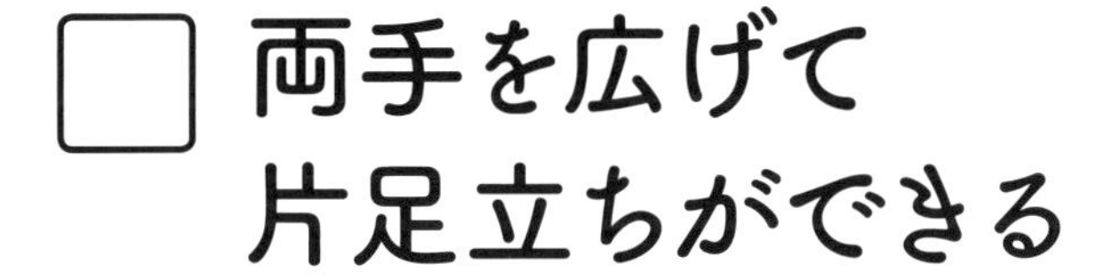

□ 両手を広げて片足立ちができる（3秒間）

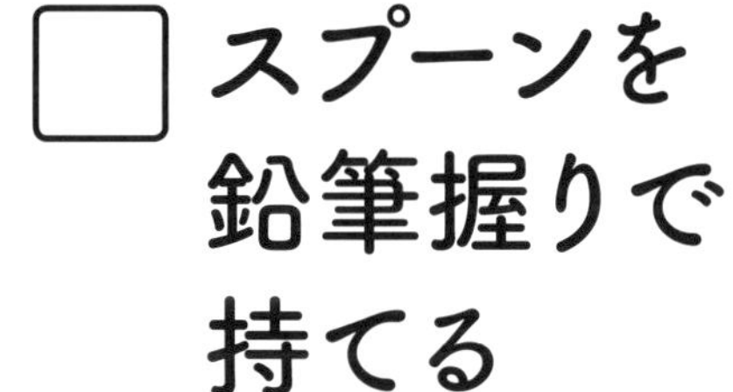

□ スプーンを鉛筆握りで持てる

□ じゃんけんの「チョキ」ができる

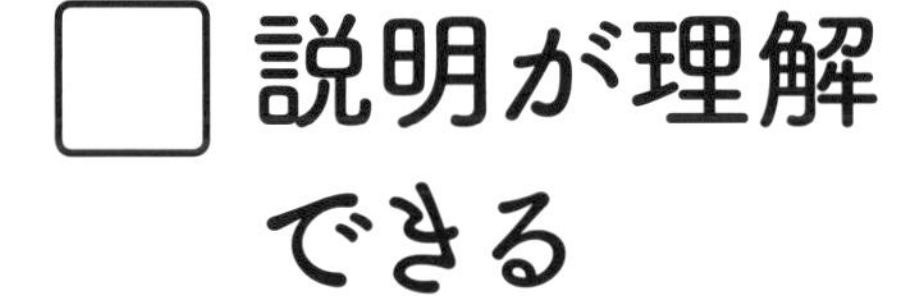

□ 説明が理解できる

・曲げる、伸ばす

・各指の名前

（お父さん指・お母さん指・お兄さん指・お姉さん指・赤ちゃん指など）

箸を使って

自分に合った箸の選び方

自分に合った箸を使おう

箸を使うための体と頭の準備が整ったら、子どもの箸を選びましょう。しかし、箸と言っても長さや太さなど千差万別で、どう選んだらよいのか悩むかもしれません。

手に合わない箸は持ちにくく、ゆくゆくは食事マナーの低下や食欲の減退などにもつながります。自分の手に合った箸を選ぶことは、長い目で見てとても大切です。

箸選びの基本

箸選びで特に大切なポイントを、以下に紹介します。

長さ

箸選びでもっとも大切なポイントです。自分に適した長さは、「咫（あた）」という単位を基準に測ります。親指と人差し指を直角に広げ、その両指先を結んだ長さが「一咫（ひとあた）」です。自分のサイズに合った箸の長さは、一咫半が最適だとされています（右図）。

太さ・形・重さ

太さや形、重さも箸の持ちやすさにかかわります。例えば、握力が弱い子どもや高齢者などは、太い箸のほうが力を入れやすく持ちやすくなります。

塗料

特に小さい子どもは、箸先を噛んでしまうこともあります。はがれ落ちた塗料が体内に取り込まれることを避けるためにも、合成塗料を使った箸などはあまりおすすめしていません。

援助のポイント

園で子どもたちそれぞれの手のサイズに合った箸を準備するのはむずかしいと思いますが、目安として子どもの「一咫」を知っておくと、箸のサイズを見直す基準になります。また、保育者も自分の「一咫」を知って箸を選ぶことで、正しい箸使いがしやすくなり、子どもたちのお手本になります。

援助のポイント

初めて使う箸は、「三角箸」が特におすすめ。三角箸とは、軸の断面が三角形になっている箸のことです。親指、人差し指、中指が三角形のそれぞれの面にしぜんと置かれ、無理なく正しい持ち方を覚えることができます。

家庭への支援

幼児の手はすぐに大きくなります。定期的にサイズを測ることができるよう、右の図のコピーを食育だよりと一緒に渡しましょう。箸の買い替えの目安は、靴のサイズが変わったときです。

チェックシート

箸の練習を始める前に

コピーして家庭に伝えよう!

自分にぴったりの箸のサイズを知ろう!

1 指を広げて、左の定規で自分の手の「一咫(ひとあた)」を測る。

2 下の式に「一咫(ひとあた)」の長さを当てはめて計算する。

一咫 [ ] cm × 1.5 = 箸の長さ [ ] cm

自分に合った箸を使うことが、正しい持ち方への近道です。

20 19 18 17 16 15 14 13 12 11 10 9 8 7 6 5 4 3 2 1 0

ひとあた

90°

箸選びのポイント!

箸を選ぶときは、洋服の試着と同じように、手に取った感じを確かめて購入するのがよいでしょう。気に入った箸を使えば、毎日の食事もより楽しみになります。

箸を使って

正しい箸の持ち方

いよいよ実際に箸を持ってみましょう！
箸の持ち方を、子どもにもわかるポイントとイラストで紹介します。

箸の持ち方

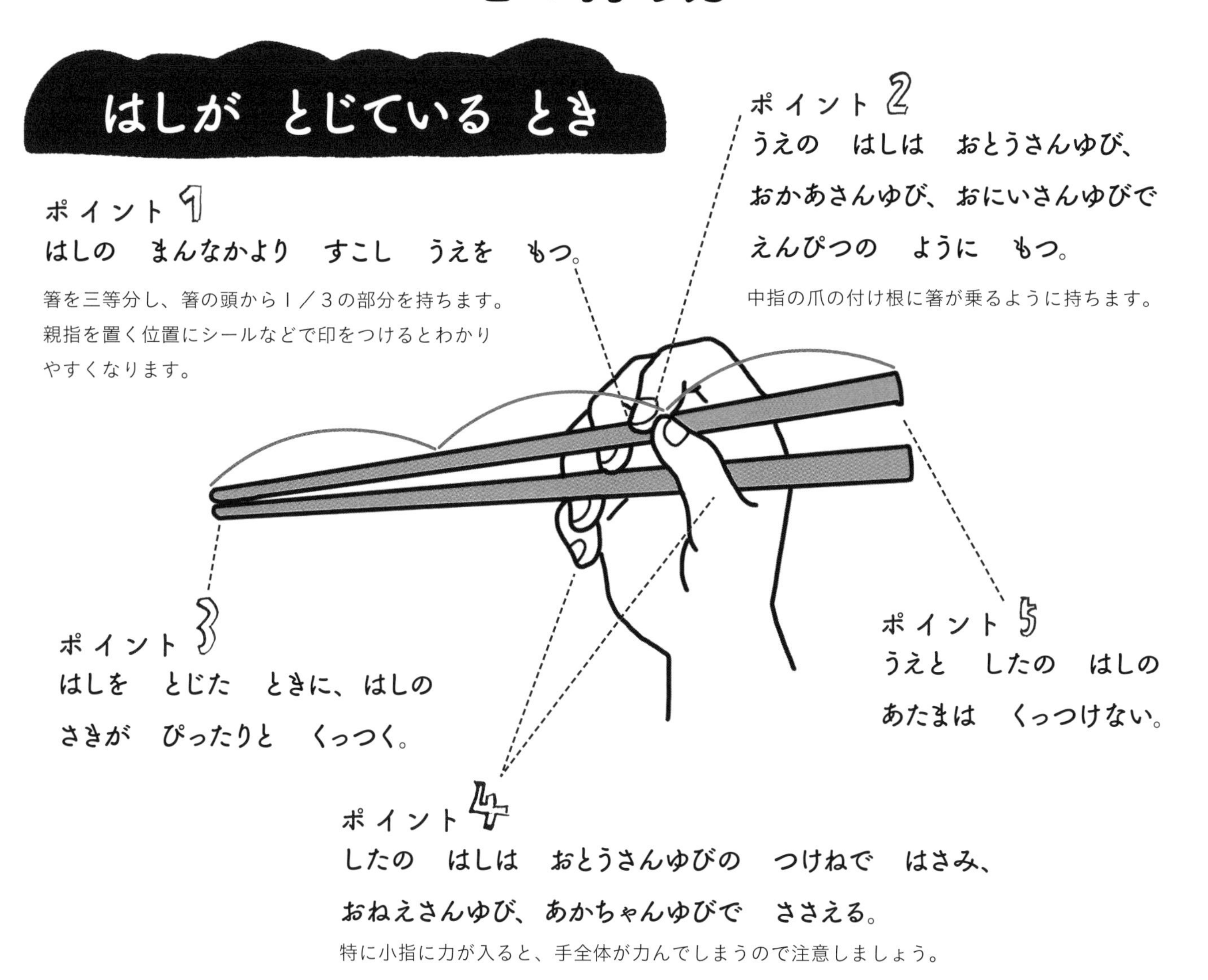

はしが　とじている　とき
ポイント 1
はしの　まんなかより　すこし　うえを　もつ。
箸を三等分し、箸の頭から１／３の部分を持ちます。親指を置く位置にシールなどで印をつけるとわかりやすくなります。
ポイント 2
うえの　はしは　おとうさんゆび、おかあさんゆび、おにいさんゆびで　えんぴつの　ように　もつ。
中指の爪の付け根に箸が乗るように持ちます。
ポイント 3
はしを　とじた　ときに、はしの　さきが　ぴったりと　くっつく。
ポイント 5
うえと　したの　はしの　あたまは　くっつけない。
ポイント 4
したの　はしは　おとうさんゆびの　つけねで　はさみ、おねえさんゆび、あかちゃんゆびで　ささえる。
特に小指に力が入ると、手全体が力んでしまうので注意しましょう。

コピーして
家庭に
伝えよう！

はしを　ひらいたり　とじたり　する　とき

おかあさんゆびと　おにいさんゆびを　のばして　はしを　ひらく。
おかあさんゆびと　おにいさんゆびを　まげて　はしを　とじる。

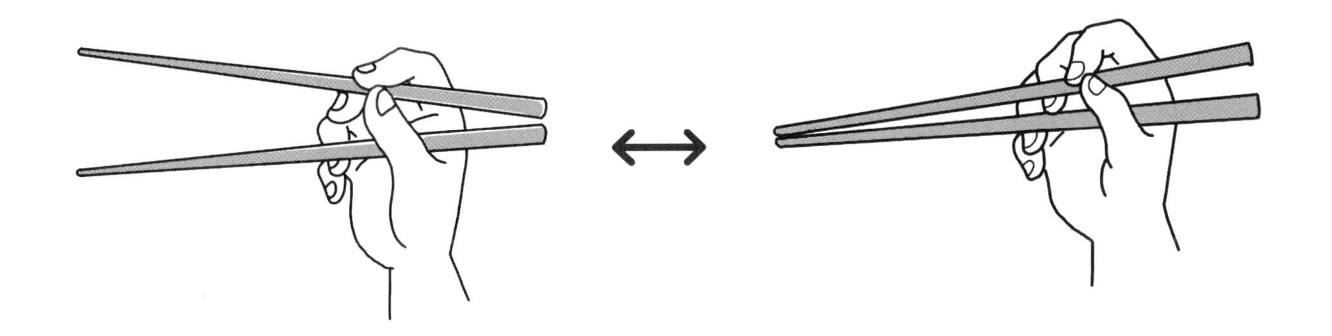

中指の爪の付け根に箸が乗っていると、中指を伸ばしたときにうまく箸が持ちあがります。

食具と箸

ひだりききの　もちかた

みぎききと　おなじことに　きをつけて　もちます。

一度にすべてを覚える必要はないよ。

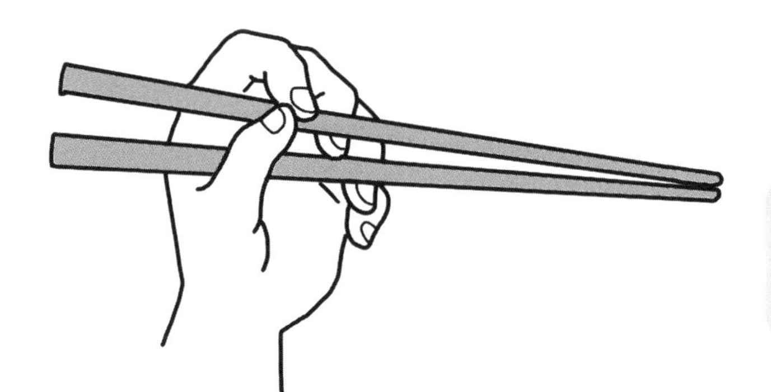

食事や遊びを通して、少しずつ覚えていってね。

箸の持ち方&動かし方
エクササイズ

「1」の字体操

上の箸の操作は、慣れるまではむずかしいもの。
「1」の字体操で動きに慣れながら、正しい箸の持ち方を練習していきます。
箸は一日で使えるようにはなりません。
「持ちたい!」「教えてほしい!」など、
やりたくなるタイミングを待って、ゆっくりおこないましょう。

1 まずは箸を一本だけ持つ。

自分の手に合った箸を用意して、
一本の箸を親指・人差し指・中指
の三本の指で持ちます。

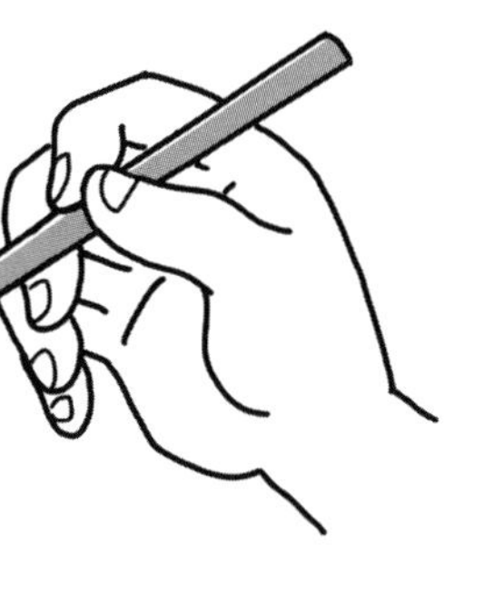

ポイント
薬指、小指は開かないように。あいている手で押さえるなど補助して OK です。

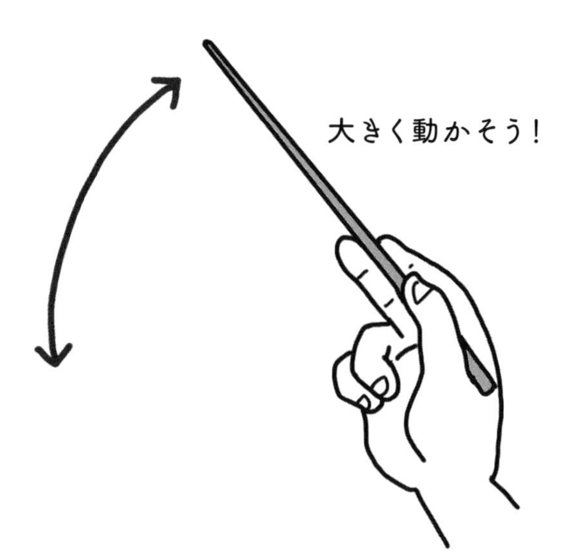

2 箸で数字の「1」を書く。

人差し指と中指を曲げ伸ばしして、箸先が
「1」の字をなぞるように、大きくゆっくり
十回動かします。

3 もう一本の箸を差し込む。

残りの一本の箸を親指の付け根に差し込んで三〜五秒キープします。

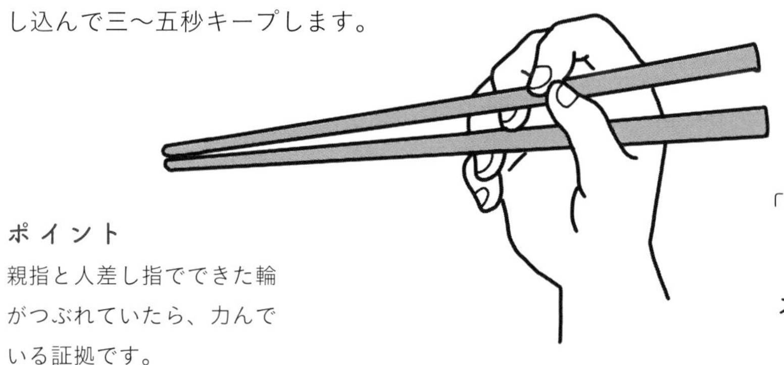

ポイント
親指と人差し指でできた輪がつぶれていたら、力んでいる証拠です。

「お姉さん指と赤ちゃん指は
ねんねしたまま、
お父さん指の丸い輪の中に
もう1本箸を通すよ」

4 二本の箸を持ったまま上の箸だけで 2 をおこなう。

下の箸は動かさないように、②の動きをもう一度おこないます。

「力を入れないで
やさしく伸ばして、
曲げてみるよ」

「下の箸は動かさないように
しようね」

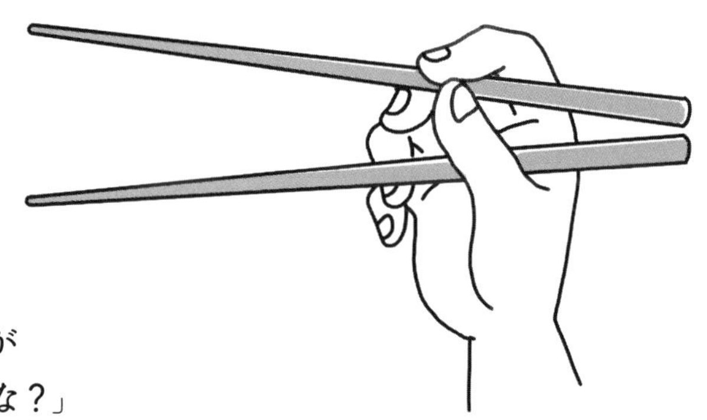

ポイント
閉じるときは、箸先をくちばしのようにピッタリくっつけます。

「お姉さん指に箸が
やさしくさわってるかな？」

保育室でも常に練習できる・遊びに取り入れられる環境を用意しておくといいね。

間違った箸の持ち方

持ち方がおかしくても、具体的にどこがおかしいのかがわかりづらい場合もあります。
代表的な間違いの例を3つ紹介します。

上の箸を人差し指と中指で挟んでいる

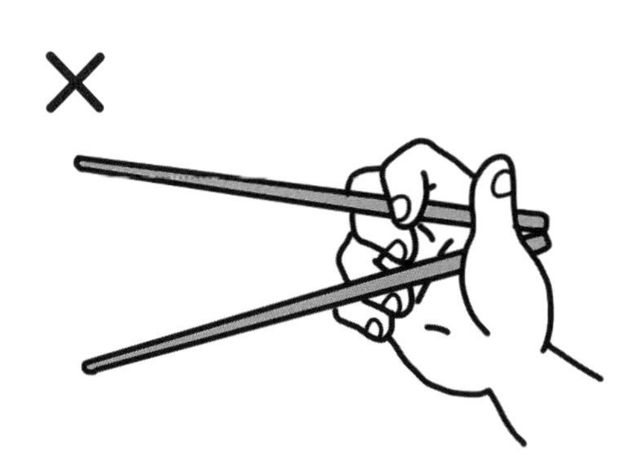

親指・人差し指・中指で支えるはずの上の箸を、人差し指と中指だけではさんでしまっています。上の箸がコントロールしづらく、上手に食べ物をつまむことができません。

上の箸に、中指が添えられていない

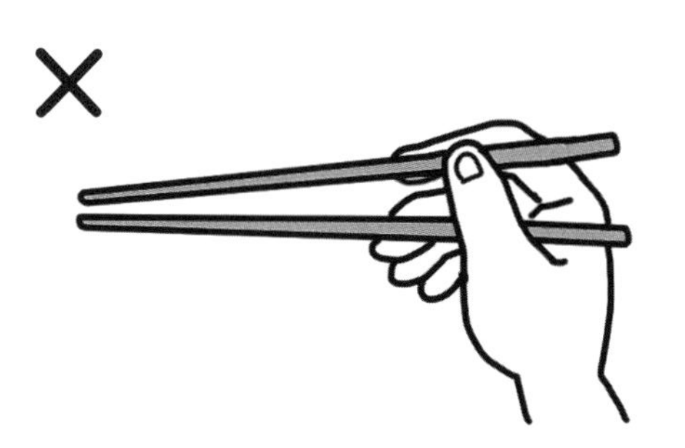

上の箸を支えて上下に動かす役割である中指が外れ、親指と人差し指だけで箸を持ってしまっています。動かす力がほぼ人差し指だけになるので、箸先まで力を伝えづらくなります。

薬指、小指が伸びている

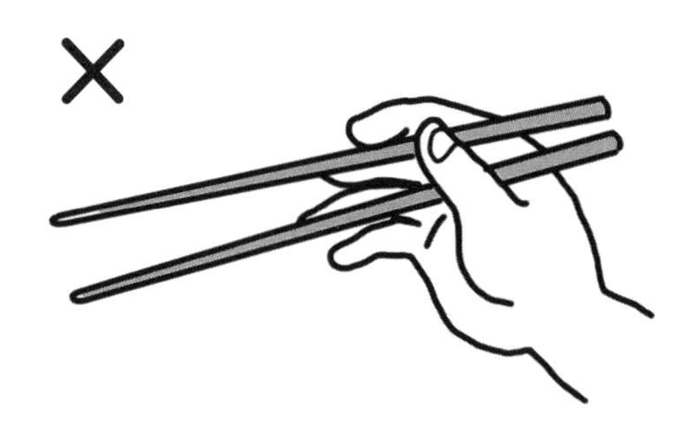

下の箸を下から支えるはずの薬指、小指が伸び、箸の側面に指先を当てるだけになっています。下からの支えがないので、箸が安定しません。

正しい持ち方をしないと、食べ物がうまくつかめずこぼしてしまったり、犬食いの原因になったりして、自分もまわりの人も心地よく食べられなくなってしまうよ。

監修　栗津 紅花（書家）

鉛筆の持ち方が箸につながる

スプーンの鉛筆握り（31 ページ）でもふれたように、鉛筆の持ち方と箸の持ち方には深いつながりがあります。**上の箸は、親指・人差し指・中指の三本で支える、まさに鉛筆握り**。鉛筆の持ち方が上達すれば、箸使いも関連して上達します。

ただ、箸と鉛筆を使っているときに気をつけたいのは、「持ち手に力が入りすぎていないか」です。鉛筆を持つときに力が入っていては文字が書きづらいように、箸もなめらかに動かすことができません。まずは鉛筆を使うときに「やさしく握ると書きやすいね」と力のコントロールを教えることが大切です。また、太めの鉛筆を選ぶと力みづらくなります。

なお、シャープペンやボールペンは鉛筆のように寝かせて書くことができず、立てて書くことになるため、お箸と持ち方が少し異なってしまいます。ふだんから鉛筆を使うことが、箸の上達にもつながります。

1 一本の箸の先を五 cm くらいはみ出させて机に置く。

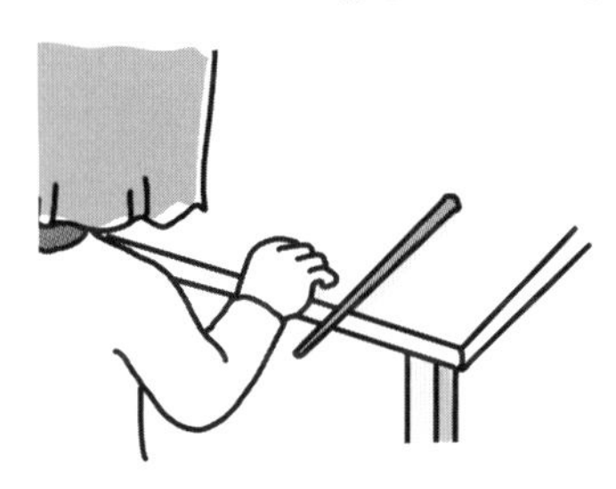

2 はみ出ている部分を親指と人差し指でつまむ。

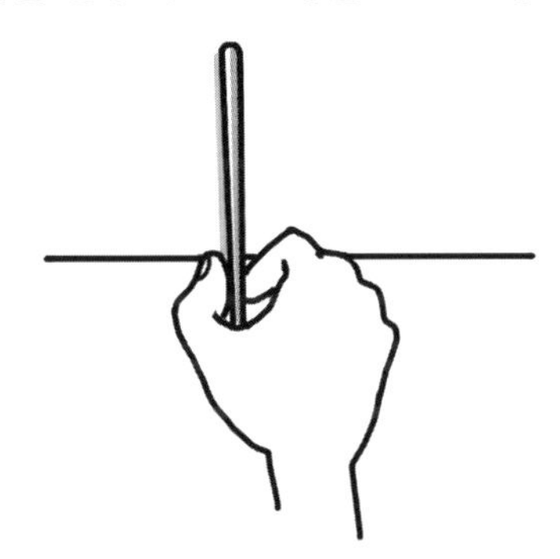

3 つまんだまま中指の爪の付け根で箸先を押し、箸を起こして手に収める。

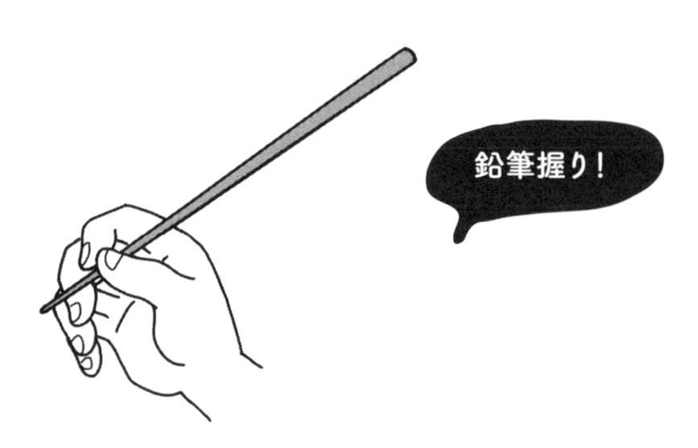

4 手はそのままに、もう片方の手で箸先を持って箸を引き出す。

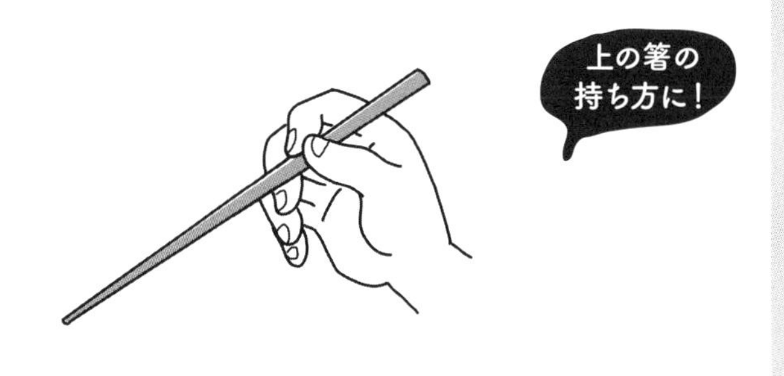

食具と箸

＼箸を使って／

箸でできること

箸ってすごい！

スプーンは「すくう」、フォークは「刺す」、ナイフは「切る」など、西洋ではそれぞれ一つの機能に特化した食具が作られ、使われてきました。これに対して、**二本の棒を用いたシンプルな道具である箸は、そのシンプルさゆえに様々な使い方ができます**。また、箸を使う国は日本のほかにもありますが、箸だけで食事を完結させる国は日本だけ。日本では、箸は単なる道具ではなく、手先の延長のように使われてきました。
「箸一つでたくさんのことができるよ！」と、大人がいろいろな手本を見せてあげることで、子どもは箸に興味をもちます。「箸ってすごい！」と思ってもらえたら、箸の練習もスムースに始めることができるでしょう。

箸でできる様々なこと

箸でできることの中でも、特に右ページの箸使いを子どもたちに身につけてほしいと思います。箸に慣れ親しむことからゆっくり始め、子どもの「やりたい！」を大切にしながら気長に見守っていきましょう。

こうした箸の機能に合わせて、箸を使った遊びを考えるなど、箸への興味をもたせつつ、食事以外でも常に箸にふれられる環境があると、より箸の使い方が上達していきます。

援助のポイント

箸で「つまむ」動作ができないときに無理に箸で食べようとすると、すくったごはんを落とさないように口で迎えに行ったり、器からごはんを口いっぱいにかき込んだりすることになります。スプーンなどほかの食具も用意し、並行して使えるようにしておきましょう。

箸の機能は十二種類あるよ。
つまむ・はさむ・押さえる・すくう・裂く・のせる・はがす・支える・包む（くるむ）・切る・運ぶ・混ぜる
特に細かいものを「つまむ」動作は、日本ならではだよ。

箸でできること

子どもにも身近な箸の使い方を、いくつか紹介します。

混ぜる

納豆や汁物の沈殿などを混ぜることができます。

運ぶ

つまんだ食べ物を皿や口に運ぶことができます。

すくう

味噌汁の具や麺などをすくうことができます。

切る

豆腐など柔らかい物を切ることができます。

ほぐす

魚などを細かくほぐすことができます。

つまむ

豆やごはんなどをつまむことができます。

はさむ

煮物など大きめの物をはさむことができます。

やってみよう！
エクササイズ

遊びを通して楽しく箸の使い方が身につきます。

はさんではこぼう！

箸で物をつかむ・つまむ遊びです。いろいろな大きさ、種類のスポンジをマス目のある容器に移していきます。
数なども合わせて教えやすい利点があります。
箸を使う前には、発達に合わせて手づかみやスプーン、トングなどでおこなえば、手指の巧緻性がアップ！

準備するもの

- 箸またはトング
- 一～三cm角程度に切った台所用のスポンジまたはいろいろな色のコットンボール
- 小物入れなどのマス目のある容器

遊び方

箸でスポンジやコットンボールを容器に移す

スポンジやコットンボールを箸かトングで一つずつつかんで、容器に移していきます。

「つかむ」から「つまむ」へ

濡れたスポンジ
水を垂らさないように力加減を調整してつかむ練習になります（煮物などの感触をつかむ）。

▶

マカロニ
リボン型やねじれのあるマカロニは箸をすくうように使うと取りづらいため、箸を立ててつかむ練習になります。

▶

豆
小豆など小さな豆をつまみます。「つかむ」から「つまむ」の、よりむずかしい動きになります。

お箸レストラン

レストランにやって来た動物たちの口に、箸で食べ物を入れてあげるゲームです。
子どもがやりたいときにいつでもできるよう、常設しておくとよいでしょう。

子どもと一緒に
作るのも
楽しいね！

準備するもの

- 紙パック
- 画用紙
- セロハンテープ

作り方

紙パックを底から五 cm くらいの高さでカットします。

画用紙に動物を描き、紙パックの高さに合わせて口に穴を開けます。

動物の裏面下部に、カットした紙パックを貼ります。紙パックが支えになり、立てることができます。

遊び方

箸を使って、動物の口に物を運んで入れます。
動物の口に入れる物は、遊びをおこなう子どもが選べるよう、何種類か用意しておきます。「はさんではこぼう！」で使ったスポンジやコットンボールなどもよいでしょう。
口に物を入れると、紙パックの中に落ちます。紙パックに物がたまったら「おなかいっぱい！」 です。

箸の補助具を知っていますか？

箸に興味をもち始めたら

スプーンで食べるのに慣れてきて、大人や友達が使っている箸に興味をもち始めたら、箸の補助具を使ってみてもよいでしょう。100円ショップなどで簡単に手に入るものもあります。

補助具を使うと、子どもの「できた！」の気持ちをはぐくみながら、「箸を使う動作」に慣れていくことができます。

「はさむ」動作を手軽に体験

箸の使い方で特にむずかしいのが、「はさむ」という動作です。箸は二本の棒ですから、慣れないとすぐにばらけてしまいます。箸の補助具を使うと、「はさむ」ときに箸がばらけてしまうのを防ぐことができます。また、箸を縦に動かして開いたり閉じたりする感覚を体感することもできます。

こうした道具を使って、「物をはさんで持てた！」「お箸が使えた！」といった小さな成功体験を子どもたちにたくさんふませてあげることが、食具を使うモチベーションにつながります。

「できた！」体験がたくさん積み重なっていくと、どんどんお箸を使うのが楽しくなっていくね。

援助のポイント

大人が積極的に教えようとするよりも、発達段階に合った食具をいつでも使える環境を整えておくことで、しぜんに箸を使ってみたくなるでしょう。

家庭への支援

家庭では、洗濯ばさみを使うなど、特に「つまむ」動きを生かした遊びやお手伝いをするとよいでしょう。食事以外の場面でもたくさん手を使うことで、手指の発達が促されていきます。

援助のポイント

補助具は使わないことが望ましいですが、使う場合は、慣れたらすぐに箸に移行するようにしましょう。

いろいろな補助具の例

子どもたちの手に合った長さの箸に取りつける補助具の一例です。

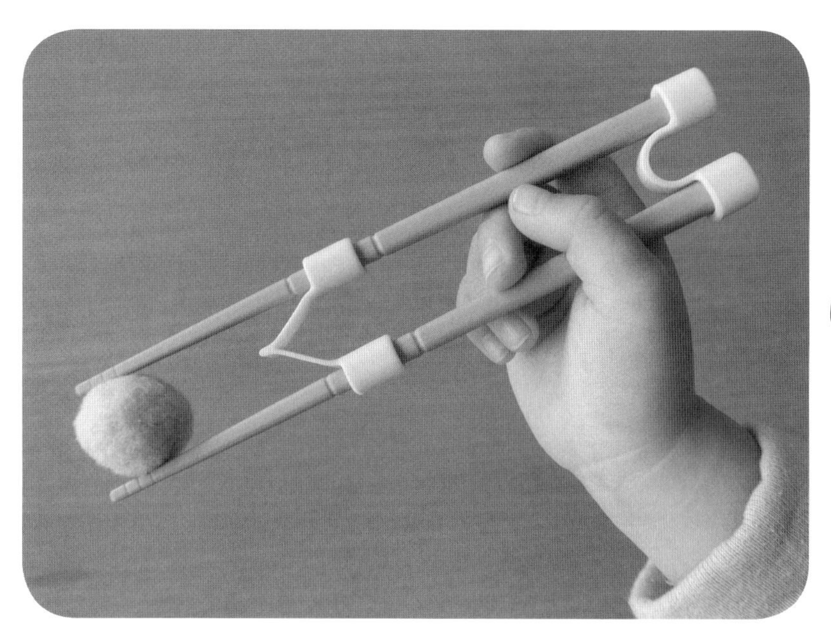

箸の閉じ開きを補助しながら、しぜんな箸の動きが体験できるように工夫されています。

援助のポイント

指を通す補助リングなどがあらかじめついた箸もありますが、特に小さな子どもにとっては箸が長すぎる場合があります。箸の長さに気をつけて選ぶようにしましょう。

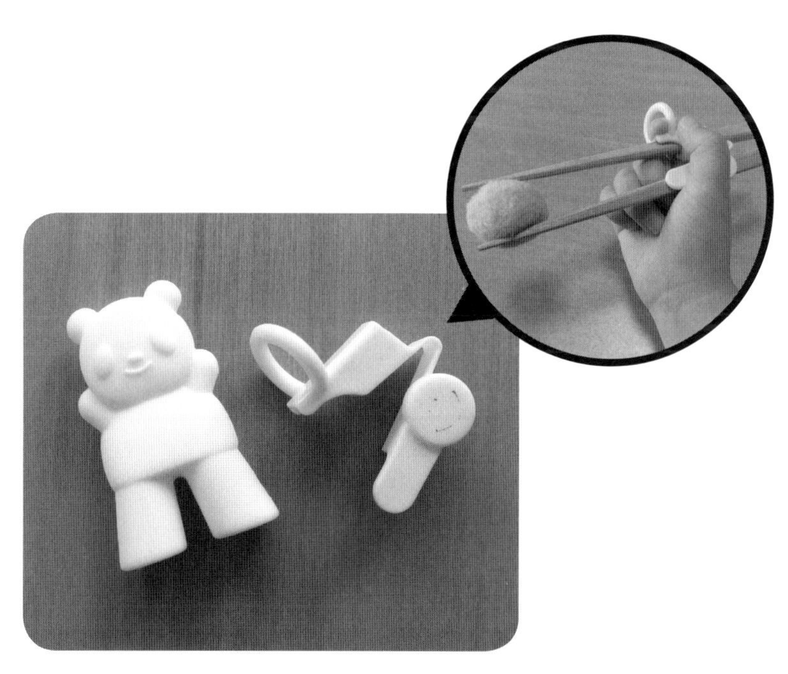

補助具は、自分にあった箸に取りつけて使えるよさがあります。

29ページで紹介した
洗濯ばさみのエクササイズは、
この「はさむ」動きが
うまくなるためにやっていたよ。
箸の補助具を使うのが
まだむずかしければ、
無理せずスプーンを使いながら、
遊びに「はさむ」動きを
取り入れるといいね。

Q 箸をどうしても使えるようにならなくて……。

年長になっても、うまく箸が使えません。ほかの子と比べてしまい、不安です。

A まずは以下のポイントをチェックしてみましょう。

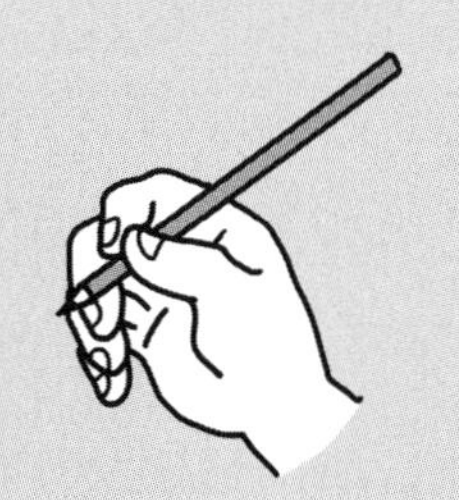

1 スプーンや鉛筆が持てているか

2 箸を使うための能力が充分に発達しているか
（35 ページ）

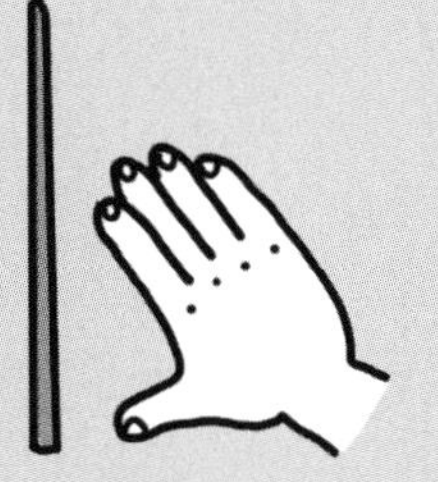

3 箸の長さは一咫半になっているか

左の三点がクリアできていても、すぐに箸が使えるわけではありません。「やりたい！」という気持ちがあれば、子どもはがんばって箸を使おうとします。その気持ちを大切に、大人は楽しく気長にフォローしましょう。具体的なフォローのしかたの例としては、以下があげられます。

補助具やスプーンも用意しておき、併用する

箸の練習は、くれぐれも「無理させない」こと。うまく使えない食具での食事は、苦痛になってしまいます。子どもの発達の状況を見て、補助具やスプーンも併用するようにします。

食事の中でではなく「遊び」で能力を獲得する

食事中に注意することは絶対にやめましょう。食事が楽しくなくなり、食事自体へのモチベーションまでさげてしまいます。生活の時間全体で、箸につながる動作をたっぷり体験させることで、子どもたちは食事中にしぜんとその動作がスムースにできるようになります。

大人が手本を見せる

箸がうまく使えないのは、正しい箸の使い方をよく理解できていないためかもしれません。保育者が手本になりましょう。また、箸が使える友達の姿を見ることも、「やりたい！」という気持ちにつながります。

Q 間違った持ち方は、すぐに直したほうがよいのでしょうか？

幼児期に間違った持ち方を身につけると、のちのち直すのが大変とも聞きます。でも、直してもすぐ元の持ち方に戻ってしまいます。

A それほど焦る必要はありません。

大人にとっては「間違った持ち方」でも、子どもにとっては「練習中の持ち方」です。間違っているから直そう、ではなく、「ここができているね」とほめてあげることで、「もっと箸の持ち方がうまくなりたい！」という気持ちをはぐくむことが大切です。

また箸を使い始めた子どもは、まず「食べ物が口に入ればＯＫ」と考えているでしょう。正しく持つと言われても、なぜそこまで持ち方にこだわるのか、まだ理解できないのです。

遊びや生活を通して手指の能力を獲得していけば、より箸が持ちやすくなってきます。いきなり箸を正しく持つことはむずかしいので、発達に合わせて、箸の持ち方を少しずつ改善していきましょう。

人と比べずに、
できるようになった部分を
ほめてあげよう！
子どもの発達に合わせて
楽しく気長に
練習するといいね。

Q すぐに練習に飽きてしまって、続きません。

お箸の練習をさせても、すぐに飽きてほかのことをし始めてしまいます。どうしたらちゃんと練習できるでしょうか。

A 子どもが集中できる時間には限界があります。

また、周囲に魅力的なおもちゃなどがあると、どうしても目移りしてしまいます。

本書で紹介するエクササイズも、時間をかけないことが大切です。一つあたり、長くて三～五分でしょう。「もっとやりたい！」くらいでやめることで、次への意欲にもつながります。また、いろいろな種類の練習をすることも、飽きさせない工夫の一つです。

エクササイズはこのように短時間で、種類を豊富に「細かく」「広く」おこなっていきます。大人よりも意識して、集中と切り替えのメリハリをつけましょう。手遊び歌などを導入におこなうと、練習に入りやすいと思います。

＼箸を使って／

箸ってどんなもの？

知っておくとより箸への理解が深まる豆知識を、保育者向けに解説します。

箸の歴史

日本で初めて箸食が取り入れられたのは六世紀ごろ。聖徳太子が宮廷の供宴儀式で用いたとされています。それまで日本は手づかみで食事をしていましたが、隋の使者を招くにあたり、中国の食事作法をまねて初めて二本箸が使われたようです。これをきっかけに貴族の間で箸食が普及し、奈良時代には庶民の間へ広がったとされています。当時の箸は、塗りを施していない白木でした。

江戸時代には、様々な素材の箸や、色のついた「塗り箸」も生まれました。また、江戸時代後期には外食産業も発展し、清浄を好む日本人ならではの感性から、都度使い捨てる「割り箸」も生まれました。

家庭への支援

おたよりを通じて、こうした内容を情報提供することで、家庭での食育への意識づけにもつながります。

箸の語源

箸の語源にはいろいろありますが、ここでは四つの有力な説を紹介します。これらを知ることで、より箸を大切に扱おうという気持ちにもつながります。

①大和言葉説

「ハ」「シ」の二音の組み合わせ。「ハ」は物の両端、物と物との境目を示し、「シ」は物をつなぎとめる意味があり、「橋」と語源が同じです。神仏の世界と現世、自然界と人間の命を橋渡しする意味合いが込められています。

②神木説

神様や人の命が宿るとされている「柱」から。箸は小さな二本の柱であり、使う人の魂が宿ると考えられていました。

箸の語源にはいろいろな説があるんだね。

③鳥のくちばし説

鳥がくちばしで器用に食べ物をつまむ様子に似ていることからです。

④折箸説

箸の元の形は、一本の竹を半分に折り曲げたピンセット状（右掲）だったとも言われ、その折箸の端と端で食材をつまむことからです。

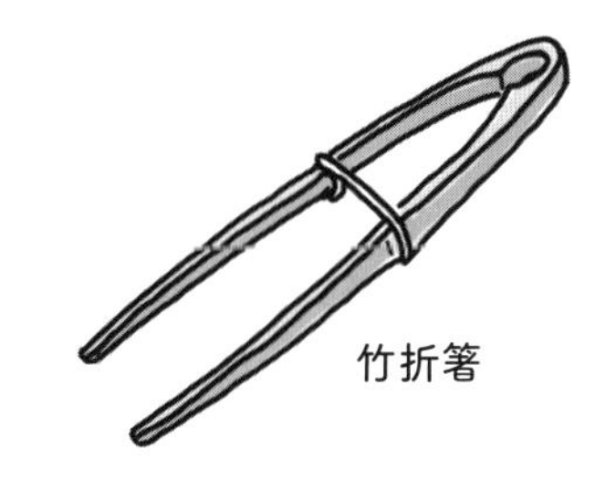

竹折箸

箸を使う文化圏の割合

児童教育研究者で箸研究者の一色八郎は、世界の食事方法を「箸文化圏」「ナイフ＆フォークを使う文化圏」「手食いの文化圏」の三つに分類しました。以下の表がそのおおよその内訳です。

世界の総人口は約七十七億人なので、約二十三億人の人々が箸を使っている計算です。箸を食事の道具として使っているのは、アジアが中心です。その中でも、箸だけで食事を完食するのは日本だけです。日本は世界でも類を見ない「箸の国」なのです。

日本は「箸の国」
だから、文化を
大切にしたいね。

世界の食事方法

箸 30%
日本・中国・韓国・モンゴル・ベトナム・タイなど

手 40%
東南アジア・インド・アフリカなど

ナイフ＆フォーク 30%
ヨーロッパ・南北アメリカ・ロシアなど

器のこと

器の選び方と持ち方

**日本は食器を持ちあげて食べる数少ない国の一つ。
また、手に持って食べる器と持たない器がありますので、子どものころから、
その区別を明確に指導しておきましょう。**

持つ器、持たない器

**持つ器…………茶碗やお椀、副菜などの小さい皿。
持たない器…・魚の器などの主菜の皿。大きくて重いもの。**

主菜の大きな皿は持つことができないので、持った茶碗に取り分けたおかずをのせて食べるのがベターです。茶碗が持てるようになり、主菜が箸でしっかりつまめるようになったら、ぜひ伝えましょう。ただ、子どもにとっては食器を持ち替えるのも大変なので、小ぶりでも副菜の皿などは置いたままでもよいでしょう。

利き手には箸、逆の手には器と、食事は両方の手を使います。片手を遊ばせておくと、器に口を近づける犬食いになるなど姿勢も悪くなってしまいます。よい姿勢を保つためにも、できるだけ器を持って食べましょう。

器を持って食べると、
姿勢もよくなるよ。

器の大きさ

茶碗などの大きさの基準は明確にはありませんが、**目安としては、四本の指を器の底に当て、親指が器のふちより上に出るもの**がよいでしょう。手に収まり、安定して親指がかかるサイズです。

もし持てない器が出てきた場合は、無理に持たずに手を添えて置いたまま食べましょう。子どもの手に合わないサイズの食器を使っていることも少なくありませんし、改めて食器を見直してみることをおすすめします。特に、汁椀、茶碗、箸など、持ちあげたり直接口をつけたりする食具のサイズに気をつけてください。

手に合った
サイズの器を
用意することは、
大切なのね。

器の扱い方

コピーして
家庭に
伝えよう!

持つ器と持たない器の例

※漬物などの副々菜がある場合は、持ちます。

食具と箸

茶碗のサイズと持ち方

手と茶碗の大きさのバランスや、安定する持ち方を、
イラストで確認しましょう。茶碗を選ぶときは、
以下のような持ち方ができるものを選ぶようにします。
汁椀も同様です。

親指は
茶碗のふちに
置く。

四本の指の上に
茶碗をのせる。

知って納得、こぼれ話②

お祝いにも欠かせない日本の割り箸文化

私たちの生活に欠かせない、割り箸。割り箸の前身となる、木材を使った使い捨ての箸は江戸時代からありました。現在使われている割り箸は、それをもとに、明治から昭和にかけて工夫されてきたものです。

割り箸の形には、いろいろなものがあります。もっとも身近な割り箸と言えば「元禄箸」。角が面とりされて使いやすく、割りやすくなっているのが特徴です。外食の際に手にしたりすることが多い、ふだん使いの割り箸です。

また、おもてなしやお祝いの席でも割り箸は使われています。頭部（天）が斜めに削られ、木目を楽しむことができる割り箸を「天削箸（てんそげばし）」と言います。中央が膨らみ、両端が細く削られて角がとられた「利久箸（りきゅうばし）」は、千利休が客人のために削り出していた箸の形がもとになっています。これらの割り箸は、おもてなしの気持ちを込めて使われます。利休箸に似た形の「卵中箸（らんちゅうばし）」は、お祝いの席で用いられ、割り箸が「仲を割る」と敬遠されることから、あらかじめ一本ずつに分かれています。この箸は、片方を人、もう片方を神様が使うという意味で、「両口箸（りょうくちばし）」とも言われます。

また、割り箸の長さは、六・七・八・九寸（一寸は約三 cm）の四種類あります。六・七寸は主にお弁当などの持ち帰り用に使われ、六寸のものは「丁六箸（ちょうろくばし）」と呼ばれます。八寸は一般的に使われているサイズです。「八」が末広がりということで、お祝い事で使われる祝箸も八寸になっています。九寸は会席料理や宴席で使われます。

身近な割り箸に注目してみると、日本の豊かな食文化が垣間見えますね。

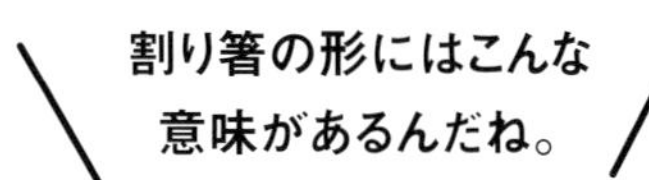

割り箸の形にはこんな
意味があるんだね。

第3章

子どもたちに伝える食事マナー

姿勢や食具の使い方がわかったら、
いよいよ食事のしかたやマナーを伝えていきましょう。
食事がいっそう楽しくなります。

食事のマナー

マナーを知って楽しく食事をしよう！

マナーは楽しく食事をするためにある

マナーと聞くと、「こうしなきゃダメ」「こうしたらダメ」といった決まりごとが多くて窮屈なイメージをもつ方がいるかもしれません。しかし、食事のマナーは「みんなで楽しく食べる」ためのルール。マナーに気をつけるあまり食事が楽しくなくなってしまっては、本末転倒です。「マナーを守らないと」ではなく、「この時間を大切にしたい」と思えるような楽しい食事の時間にしたいですね。**子どもたちには、「友達と気持ちよくごはんを食べるためにマナーがある」と伝えてください**。そうすれば、相手への思いやりが生まれ、マナーを守りたいと思えるようになるでしょう。

援助のポイント

子どもの気持ちを尊重し、少しでも上達した部分を認める言葉かけをしてあげましょう。注意ばかりされていると、子どもの食事を楽しむ気持ちや食べる意欲が失われてしまいます。

「人とのよい関わり」から始まるマナー

マナーは人と関わることで生まれます。「人とのよい関わり」が「楽しく食べられる場」、そして「食事マナー」につながっていきます。

人とのよい関わり
マナーは、人との関わりの中で身につきます。「人とのよい関わり」の中でこそ「楽しく食べられる場」が生まれ、子どもがしぜんと自らマナーを身につけていくことができます。

楽しく食べられる場
信頼感や安心感のある「いつもの相手」と一緒に「楽しく食べられる場」があれば、それを大切にしたいという気持ちがマナーに結びついていきます。

食事マナー
「学ぶ」の語源は「まねぶ（まねをする）」とも言われるように、マナーもモデルとなる保育者や年長児をまねして身につけていくものです。マナーが身につくと、よりよい人との関わりが生まれます。

マナーの身につく環境

子どもがマナーを身につけるには、安心して楽しく食事できる
四つの環境を整えることが大切です。

時間

子どもが集中して食べられる充分な時間を確保します。席に座ってから食べ始めるまでの待ち時間は短いほうが、子どもは集中できます。

雰囲気

一緒においしく食べる人、楽しい会話、心地よい音楽などで、食事が楽しく感じられるようにします。

人

大人が落ち着いて席につき、自ら楽しくおいしく食べる手本となります。子どもが同じようにできていたらほめてあげましょう。

物

体に合ったサイズの机と椅子、手に合った大きさの使いやすい食具や食器を整えます。

食事のマナー

配膳、基本の「き」

なぜ「ごはんは左、汁物は右」なの？

和食では主食、汁物、主菜、副菜それぞれの配置が決まっています。配置は、文化的な理由に加えて食べやすさが考慮されています。まず、ごはん茶碗は左手前に置きます。**ごはんは和食ではもっとも大切にされており、上位を示す左手前に置かれるのです。**食べやすさの点でも、箸を右手で持って食べるときに、茶碗を左手で取りやすいという利点があります。62ページで詳しく解説しますが、和食は「ごはんだけ」「おかずだけ」を続けて食べるのではなく、ごはんやおかずを口の中で調和させながら食べます（口中調味）。

ごはんを口に運ぶ回数が多くなるため、もっとも手に持つ機会の多いごはんが左手前にあると、スムースに食事が進みます。次いで持ちあげる機会の多い汁物のお椀も、体に近い右手前に置かれます。

食べやすいように工夫された配置で食事することは、こぼしたりせず、きれいに食べることにもつながります。いきなりすべてを正しくおこなうことはむずかしいので、最初はごはんと汁物を置く位置から教えていくとよいでしょう。

ごはんはとても
大切なのね。

家庭に伝えよう！

箸置きを使おう

ふだんの食卓でつい見過ごされがちなのが、「箸置き」です。箸置きがないと、お椀などの上に箸を渡して置く「渡し箸」などのマナー違反につながるだけでなく、箸が取りあげづらいために、結果として間違った箸の持ち方につながってしまう場合もあります。

箸置きを使うと、机に先端をつけずに箸を置くことができ、衛生的。また、食卓に季節を取り入れやすく、お祝いや行事なども手軽に演出できます。お気に入りの箸置きをいくつか用意しておくことで、「今日はどれにしよう」など、食事へのモチベーションも高まります。

食卓を気軽に楽しく演出することができる箸置き。園で準備するのはむずかしいかもしれませんが、ぜひ家庭に伝えて食卓に並べてもらいたいです。小さめの箸置きは子ども用として使えます。

配膳の基本

和食の配膳の基本を、食べやすさの点から解説します。

副菜は左奥

副菜は小さい器に盛りつけられていることが多いため、左手で持ちあげやすいよう、左側になっています。

主菜は右奥

主菜の大きな器は持ちあげないため、箸を持った右手が伸ばしやすいよう、右側になっています。

主食は左手前

ごはんの茶碗はもっとも持つ機会が多いため、左手で持ちやすい場所になっています。

箸は手前正面

箸の頭を利き手側に向け、そろえて箸置きに置きます。箸先の口に入る部分が箸置きから出るようにします。

汁物は右手前

汁物のお椀も持つ機会が多く、手前に置かれます。

食事のマナー

順序よく、バランスよく食べよう

食べ始めはどれから?

日常的な和食では、「必ずこの料理から食べなくてはいけない」といった一律の決まりはありませんが、和食でもっとも上位とされるごはんから先に食べるか、汁物を一口飲んでからごはんを食べるかのどちらかが多いようです。

汁物を先に飲むと、箸先が湿ってごはんがくっつきにくくなり、箸のマナー違反である「ねぶり箸」(箸先についたごはんなどをなめ取るように食べること)が起こりにくくなります。ただ、子どもの場合は始めに汁物をたっぷり食べてしまうと、すぐに満腹感を感じてしまいます。あとの食事に支障が出るので注意しましょう。

（援助のポイント）

食べる順序について、詳しくは20ページでも解説しています。

順序よく食べる理由と、食べる順番

和食は「口中調味」を大切にしています。ごはんとおかずを一緒に食べることで、よりおいしく感じられます。一汁二菜のうち、一つの物だけ食べ続けてしまうと、**豊かな口中調味の体験が得られず、味覚の発達の機会を逃してしまいます**。また、おかずだけを先に食べてしまい、白米を残してしまうこともよくあります。「三角食べ」のような食べ方には、これらを防ぐメリットがあります。

具体的な食べる順番などは子どもの食べやすい形でよいと思いますが、「主菜→ごはん→副菜→ごはん→……」「ごはん→みそ汁→おかず→ごはん……」といったように、一つの物が続かない食べ方をしましょう。そのためには、主食、汁物、主菜、副菜の四種類が視覚的にわかる「4つのおさら」の考え方はおすすめです。

好き嫌いなど、食べ方にはその子の個性があらわれます。いろいろ食べられる環境を整え、「これとこれを一緒に食べるとおいしいよ」と大人が言葉かけをしていくことも大切です。

和食のおかずは、
白米に合うように
できているんだよ！

「4つのおさら」で考えよう

献立の基本は主食・汁物・主菜・副菜です。「4つのおさら」では、
これらの料理をその役割ごとに四つの色で分けて示しました。
同じ色を続けて食べないようにすれば、しぜんと順序よく、バランスよく食べることができます。

みどりのおさら

野菜・果物・きのこ・海藻を主に使った料理。ビタミン・ミネラル・食物繊維を多く含み、体の調子を整える。

【副菜】

あかのおさら

肉・魚・牛乳・乳製品・豆類などを主に使った料理。たんぱく質を多く含み、筋肉や血を作る。

【主菜】

手前

きいろのおさら

ごはん・めん類・パンなどの穀類やいも類を主に使った料理。炭水化物を多く含み、活動するためのエネルギーのもとになる。**【主食】**

しろのおさら

みそ汁や吸い物、スープ。うまみを含んだ、だしを使った料理。

【汁物】

4つのおさらのランチョンマット
価格：本体540円＋税　商品コード：24305
発売元：メイト

食事のマナー

みんなで楽しく食べよう

「共食」の大切さ

食事は、ただ栄養がとれればよいというものではありません。子どもにとって、人と関わり、人とのつながりを感じることのできるとても大切な時間です。

「おいしいね」と共感したり、「お箸がじょうずに持てるようになったね」とほめられる体験をしたりすることで、自分が受け入れられている、認められているという安心感を味わうことができます。そして、そんな信頼関係のある仲間たちと一緒に楽しく食べることで、料理がおいしく感じられ、味覚が豊かになっていきます。楽しい食卓を囲むうち、嫌いなものがいつの間にか食べられるようになることもあるでしょう。そんな体験を重ねるうちに、**おいしいからこぼさないように食べたり、楽しい時間を大切にしたいから相手を思いやったりと、しぜんとマナーにつながる行動が増えていきます**（58ページ）。

味覚は楽しくおいしい食事の体験と結びつき、それがやがてマナーへもつながります。食事の機会は一日に三回、年に千回以上。ぜひ一回一回、楽しい食事の体験を積み重ねていきましょう。

食事が楽しいと、
ごはんが進むね！

「孤食」や「個食」に注意

「孤食」や「個食」ではマナーが身につきません。見本となる大人や年長児などがいないからです。加えて会話をする相手もなく、ただ食べ物を摂取するだけの場になってしまいます。すると、人との食事で緊張するなど、将来の対人関係能力に影響が出てくる場合もあるでしょう。幼少期から信頼できる人たちと食卓を囲んで「共食」ができることは、子どもにとってとても重要な機会なのです。

家庭への支援

忙しいとつい、子どもに先に食事をさせながら自身は料理の続きをしてしまったりします。十五分でも一緒に席に座り、落ち着いて楽しく子どもと食事をすることで、マナーも身についていきます。

「共食」を大切にしよう！

コピーして
家庭に
伝えよう！

一緒に食べる意味をおさえたら、
楽しく「共食」するためのポイントをいくつか紹介します。

一緒に
席に着く

食事か相手を
見ながら
食べる

楽しく
会話する

ポイント

口に食べ物が入っているときにしゃべらないよう、お手本となる大人が気をつけましょう。

「おいしいね」と
共感したり、
ほめたりする

食事時間に
ゆとりを
もつ

食事中に
注意や
無理強いを
しない

食事マナー

食事のマナー

「いただきます」「ごちそうさま」を言おう

あいさつの意味を知ろう

子どもから「どうして『いただきます』『ごちそうさま』って言うの？」と質問された経験があることでしょう。作法の根底にある意味を知っておくことは、とても大切です。

私たち人間の食べ物になるのは、同じように生きている植物や動物です。動植物の命をもらって食べることで、私たちは生きていられるのです。その命の橋渡しをしてくれる道具として、「箸」があります。

食事を始めるときにはその命に感謝し、お礼の気持ちを込めて「いただきます」のあいさつをしましょう。「いただく」という言葉には、“敬意を表して頭上に高くささげる”という意味があります。「いただきます」は、「あなたがくれたこの命を無駄にせず大切にします」という感謝の気持ちを表現したものなのです。

食べたあとには「ごちそうさま」のあいさつをします。漢字では「ご馳走様」と書きます。昔は馬であちこち走り回って食材を調達したので、その苦労への感謝が語源の一つです。またそこには同時に、植物や動物を育ててくれた自然や人々、それらをおいしく調理してくれた人々への感謝も込められています。

食事のあいさつの効果

子どもの成長にとっても、あいさつはとても有効です。**食べ物への感謝の心を育てるだけでなく、食事の時間の区切りをつけるための習慣にもなる**からです。

「いただきます」を言うことで、子どもたちは「これから食事が始まるんだ」という気持ちの切り替えをすることができます。「ごちそうさま」も同様に、食事をこれで終わりにするという区切りの言葉になります。

援助のポイント

地元の生産者や調理師など、顔の見える相手から「いただきます」「ごちそうさま」の意味を話してもらったりすると、より子どもに届きやすいでしょう。

家庭への支援

「いただきます」を言う前に食べたり、「ごちそうさま」を言って箸を置いたあとに再び食べ始めたりすると、食事の時間の区切りがどんどんあいまいになり、遊び食べなどにつながってしまいます。

あいさつをしよう！

食べる前と食べたあとにあいさつをすることは、マナーであるだけでなく、
食事時間の区切りを共通理解するためにもとても大切です。

食べる前に

「いただきます」

「あなたがくれたこの命を無駄にせず大切にします」という感謝の気持ちを主に表しています。

みんなで食べるときは、一緒に言うことで「これから食事の時間なんだ」と共通理解することができる効果があります。

食べ終わったら

「ごちそうさまでした」

食材をそろえて調理する手間ひまへの感謝の気持ちを表しています。

食事はこれで終わりという区切りの言葉です。「ごちそうさま」をしたらもう食べないということを意識づけましょう。

援助のポイント

あいさつをするタイミングについては、園の方針や発達の段階によると思います。例えば、テーブルごとに集まったら、目の前に食べ物がきたら、など工夫するとよいでしょう。特に「ごちそうさま」は無理に全員一緒でなくてもよい場合もあります。

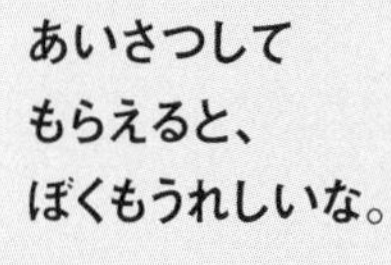

あいさつして
もらえると、
ぼくもうれしいな。

あいさつって、
とても大切ね！

食事マナー

食事のマナー

相手のことを思いやって食べよう

相手の立場で考える

ここまでにお伝えしてきたように、マナーは「みんなで楽しく食事の時間を過ごす」ためにあります。楽しく過ごすには、相手が「楽しくないな」「いやだな」と思わないことがもっとも大切です。つまり、**マナーの根底には、相手がどう思うか、どう感じるかを相手の立場になって考える想像力や思いやりがあります**。子どもたちが相手への思いやりや想像力をはぐくむためにも、マナーを学ぶことが大切になるのです。

子どもが守りたいマナー

大人と同じマナーをいきなり子どもに求めるのはむずかしいものです。
ここでは年長児を目安に、特に守りたいマナーとその伝え方を紹介します。

踏み台を活用すると足がしっかり床につき、モグモグしやすくなるよ。
背中をまっすぐに伸ばして座ると、食べ物がおなかに落ちていきやすいよ。

姿勢よく食べよう

足をぶらぶらさせたり、ひじをついたり、猫背で食べ物に覆いかぶさるような姿を見かけることもあるでしょう。足をぶらぶらさせると噛む力が弱まりますし、ひじをつくことは猫背につながります。そして猫背は、食べ物の通り道である内臓や、栄養を運ぶ血管を圧迫することで、消化不良や食欲不振などにつながります（10 ～ 15 ページ）。また、悪い姿勢は、食事をおいしくなさそうに食べているように見えます。姿勢をよくすることで、自分も相手も気持ちよく、おいしく食事ができます。

音を立てて食べない

食器をガチャガチャと鳴らすのもそうですが、現場や家庭で悩まれているのは、口を開けて噛む「クチャクチャ食べ」かもしれません。一緒に食べている相手は、その音から咀嚼する口内を想像したりして、汚く耳障りに感じます。また、ときには口内のものが見えてしまうこともあります。その結果、まわりの子どもたちは食事に集中できず、食欲が減り、心地よい食事の時間も台無しになってしまうのです。

自分で出す音は、自分では気がつかないものです。注意される理由がわからなかったり、おもしろがって音を立てていたりする場合もあるので、まずは気がつくようにやさしい言葉かけをしていきましょう。

静かに食べると、みんなのお話が聞こえやすくていいね。
おいしい食べ物がお口の外に出ないように、お口を閉じておくといいよ。

援助のポイント

実際に保育者が「クチャクチャ食べ」をやって見せてもいいですね。自分がまわりからどう見えているか、具体的に知る手がかりになります。

「ごちそうさま」をしてから遊ぼうね。
おなかいっぱいになったら、無理して食べなくていいよ。

遊び食べをしない

27ページでもふれましたが、「遊び食べ」とは、食べている途中で席を立ったり、食べるつもりがないまま食具や食べ物で遊んだりすることです。食事中に席を立ったり遊んだりしている子どもを見て、調理師は「おいしくなかったかな」「冷めないうちに食べてほしかったな」と思うかもしれません。遊び食べは、食材や料理を作ってくれたさまざまな人をがっかりさせてしまいます。食べ物を大切に思う気持ちや、食材やその提供者、調理師への感謝の気持ちを子どもたちに伝えたいものです。

遊び食べを始めそうな子がいたら、「今日のお料理、どれがいちばんおいしい？」など、食事へ興味を向けさせる言葉かけをおこないながら、おなかのたまり具合を見極めて食事を終えるように促しましょう。また、おもちゃなどが目に入らない整った環境も大切です。

口に物を入れたまましゃべらない

　口に物を入れたまましゃべると、口の中の物が見えたり食べものが飛び散ったりします。

　しかし、口に物を入れたまましゃべることは、食事の場に安心しているからこそ起こるとも言えます。まわりの子どもたちや保育者が自分を受け入れてくれるからこそ、しゃべることが楽しくなり、ついおしゃべりに夢中になってしまうもの。子どもは悪気があってしゃべっているのではないので、そんなときは「○○ちゃん、ごはんはたくさん食べているかな？」など、いったん食事に注意を戻して気持ちを落ち着かせる言葉かけをしましょう。また、一口の量が多すぎて咀嚼に時間がかかっている可能性もあります。

○○ちゃん、お話楽しいね。ごっくんしたら続きを聞かせてね。
少しずつお口に入れると、ごっくんしやすいよ。

ごはんをなるべく残さない

　ごはんを残すと、調理師が残念に思うだけでなく、命をいただいた食材をむだにしてしまうことにもなります。食事を最後までしっかりいただくことで、食材や調理師への感謝の気持ちが伝わります。

　しかし、満腹にもかかわらず無理にごはんを食べさせることは避けましょう。食べたくないのに苦しい思いをして食べさせられることが続くと、どんどん食事への意欲がさがってしまいます。食べる量には個人差がありますから、調理室とも連携して、その子に合った量を把握することも、ひいてはマナー指導につながります。

全部食べると、作ってくれた人が喜んでくれるよ。でも、無理はしないでね。

器を持って食べよう

54ページでも説明したように、和食では基本的に器を持って食べます。器を置いたまま食べると、口に食べ物を運ぶ際に落としたり汁を垂らしたりしやすく、料理に覆いかぶさるようにして食べる「犬食い」にもなりやすいもの。食べ物が散らかったり姿勢が悪くなったりと、見た目にも体にもよくありません。主菜などの大きな器は持たなくてもよいですが、片手で安定して持てる大きさの器はなるべく持って食べるように伝えましょう。

園によっては仕切りのある一枚皿で食事をすることもあるかもしれません。また、器が大きくて持ちづらい場合もあるかと思います。その際はもちろん持つ必要はありません。それでも、食べ物を落としたり、姿勢が悪くなったりせずに食事ができるよう、小さな取り皿を用意するのもアイデアの一つです。

器を持つと、おいしい食べ物がこぼれなくて食べやすいよ。
猫背になっていなくて、かっこいいね！

食事の準備を少し手伝ってみようね。
おいしいごはんを作ってくれた人たちに、ありがとうの気持ちであいさつをしようね。

準備や片づけを手伝おう

運ばれてきた食べ物を何も言わずに食べたり、食べ終わったらそのままにしてすぐに遊び始めたりすることは、よいことではありません。料理を作ってくれた人、運んできてくれた人、片づけてくれる人がいるから、食事ができるのです。食事に関わる人たちへの感謝の気持ちを行動で伝えるためにも、子どもたちもできることから手伝うようにしましょう。また、手伝いができなくても、しっかり「いただきます」「ごちそうさま」を言うことで、感謝の気持ちが伝わります（66ページ）。

手伝いは、配膳や食器運び、テーブルふきなど、できることから無理せずおこないましょう。手伝いをすることで、食事への参加意識が生まれ、食事の時間をより大切にできるはずです。

食事のマナー

箸の使い方に気をつけよう

やってはいけない箸使いのことを、「忌み箸」（または「嫌い箸」）と言います。見ていて汚らしいなど食事中の人を不快にさせたり、料理を作った人をがっかりさせたり、また大切な食器が傷んだりと、いろいろな理由から避けられています。みんなで楽しくおいしく食事をするためにも、「してはいけない箸使い」として、子どもたちに伝えていきましょう。

忌み箸

数ある忌み箸の中でも、幼児期から知ってもらいたいマナー違反の箸使いについて、子どもへの言葉かけとともに紹介します。

箸でごはんを
一口分つまんで
食べようね

かき込み箸

食器に口をつけ、箸でかき込む食べ方。あまり噛まないで食べてしまうことで早食いになり、胃腸への負担増や肥満の原因にもなります。

食べ物をこぼしたり
すると悲しいから、
手で器は持とうね

寄せ箸

箸で食器を自分のほうへ引き寄せること。食器を倒したり傷つけたりしてしまいます。食器を近くに動かしたいときは、箸を置いて手で器を持ちます。

刺し箸

食べ物を箸で刺して持ちあげる食べ方。箸を握るように持っている場合に多く見られます。箸の持ち方を確認しつつ、食材がつかみやすい大きさかどうかも確認しましょう。

フォークと違って、
箸は刺さなくても
つかんで食べることが
できるよ

「もういらない」という
意味になっちゃうよ

渡し箸

茶碗などの器の上に箸を渡して置くこと。食事中にこうして箸を置くと、「もういりません」という意味になります。箸置きがないせいで起こります。

お味噌汁から食べると、
ごはん粒が箸に
つきにくいよ

ねぶり箸

箸をなめるようにして、箸先についたごはん粒などを取ること。ごはんを食べる前に汁物を食べて箸を湿らせると、ごはんがつきにくくなります。

箸の先を
人に向けると、
刺さりそうで怖いよ

指し箸

持っている箸で人や物を指すこと。子どもは食事中についやってしまいますが、箸先が目などに入ると危なく、また箸で指されるとあまりよい気分にはなりません。

食べ物を口に
運ぶときだけ、
お箸を口に
入れようね

噛み箸

箸の先を歯で噛んでしまうこと。箸が傷むだけでなく、箸の破片や塗料が体内に入れば、体にもよくありません。

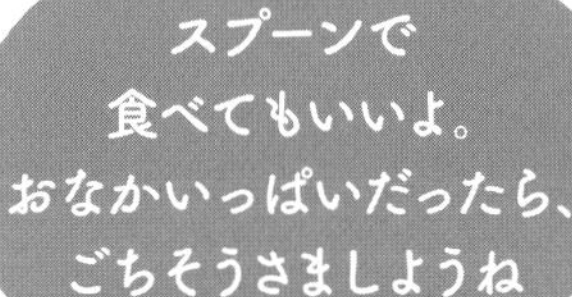

スプーンで
食べてもいいよ。
おなかいっぱいだったら、
ごちそうさましようね

たたき箸

箸で食器をたたいて音を出すことで、どちらも傷めてしまいます。箸を持ち始めたばかりで使い方がわからないときなどにやってしまいがちです。

**子どもはどうしていけないのか
わからないこともあるので、
理由をやさしく伝えてね。
否定的な言葉を使ったり、
食事中の注意が続くと、
食べることが楽しくなくなって
しまうので気をつけよう！**

食事のマナー

マナーを教えるときの心構え

否定的な伝え方をしない

マナーを教えようとすると、つい「○○しちゃダメ」「○○しなきゃダメ」と、叱るような厳しい言い方をしてしまいがちです。しかし、子どもはただ「知らない、できない」だけで、悪気があってマナー違反をしているわけではありません。ただ「ダメ」と伝えるだけでは、そもそもなぜ注意されたのか、子どもにはなかなか理解できません。子どもに食事マナーを言葉で教えるときは、上記を念頭に置いてください。

さらに避けたいのは、食事中に子どもに注意することです。「いい子で食事しているはずなのに、どうして怒られたのだろう」と感じ、安心感や自尊心、自己肯定感が失われた結果、食事にどんどん消極的になってしまいます。

逆に、**食事の場ではなるべく注意をせず、ほめる言葉や認める言葉を増やしてみましょう**。食事の場に安心感が生まれ、食事を心おきなく楽しむことができます。マナーを身につける土台になります。

食事の環境を整える

子どもがマナーを守れないとき、**まず最初に「問題はその子自身にではなく、その子のまわりの環境にある」と考えてみましょう**。食事に限らず、子どもは整った環境があれば、おのずとその環境に合わせて行動します。高さの合った机と椅子があれば姿勢よく座り、静かな場があればおしゃべりは少ないものです。

環境は、「用具」「雰囲気」「時間」「まわりの大人たち」など、様々な要素で構成されています。マナーを守れない子どもがいたときに、その子自身を注意する前に、いったん引いた視点でその子を取り巻く環境面を確認。保育者の言葉が伝わりづらい場合は、園全体で環境の見直しから始めてみましょう。

援助のポイント

食事マナーについて伝えるタイミングは、食事の前が適しています（園なら昼食)。理由とともにやさしく「こうするといいよ」と教えてあげましょう。子どもたちも次の食事で意識するようになります。

子どもが悪いわけではなくて環境が原因なことも、確かにたくさんあるかも……。

「自分だったら
どう考えるかな?」と、
いろいろな場面で
考えてみるといいね。

注意する前に、こう考えよう！

私も
気をつけ
なくちゃ！

マナーはつい言葉で注意してしまいがちですが、マナーを実現するための環境を整えることも大切になります。言葉で注意したくなったときは、一度言葉を飲み込んで「これは『環境』のせいかな?」と考え方を転換してみましょう。考え方の例をいくつか紹介します。

食べている途中に立って歩かないで！

・興味のあるおもちゃが目に入るからかな?
・保育者がよく食事中に立ち歩いてしまっていないかな?
・机や椅子の大きさが合っていないかな?

口に食べ物を入れながらしゃべらないで！

・スプーンが大きすぎて一口の量が多いのかな?
・保育者が口に食べ物を入れながらしゃべっていないかな?
・落ち着いて話せないようなにぎやかな環境になっていないかな?

食べながら遊ばないで！

・食事の時間が長くて飽きちゃったかな?
・もうおなかがいっぱいなのかな?
・保育者がじっくり向き合えていなくて、さびしいのかな?

食事マナー

食事のマナー

保育者がお手本になろう！

大人が気をつけたいマナー

食事マナーは教わるだけではなく、まわりをお手本にしてさらに身についていくものです。**保育者は、園で一緒に食事をする唯一の大人です**。ぜひともよい手本となって、食事マナーを伝えていきましょう。保育者のマナーを、子どもは常に観察しています。子どもは、保育者のマナーを映す「鏡」のような存在と言えるでしょう。

本書で紹介してきた中で、特に大人が率先して気をつけたいマナーを以下に記します。

叱らない

食事中に叱るのは避けましょう。叱るのではなく、「○○してみようね」など、前向きな言葉で伝えます。

口を開けて噛まない

「クチャクチャ」と音を立てたり、咀嚼物が見えたりしないように気をつけましょう。

よく噛んで食べる

子どもたちの様子を見ながらの食事だと、つい急いで食べてしまうかもしれません。なるべく落ち着いてよく噛みましょう。

同じものを食べ続けない

大人もつい偏った食べ方をしてしまうことがあります。料理をバランスよく、おいしそうに食べている姿を見せてあげましょう。

しゃべり食べをしない

口に入れたまま子どもに話しかけたり、慌てて指示をしたりしないようにしましょう。一口を少なめに食べるとよいですね。会話のときは、いったん箸を置きましょう。

立ち歩かない

なるべく落ち着いて食事する姿を見せてあげることで、子どもたちも落ち着いて食事をします。

家庭への支援

こうした内容は、保育者だけでなく、家庭でもぜひ気をつけてほしいことです。おたよりなどで家庭に伝えていきましょう。

かっこいい
大人の姿を見ると、
子どもも
まねしたくなるね。

応援してるよ！

ワンランク上の大人のマナー

「大人ができたらかっこいい！」箸の取りあげ方と、
「大人がついやってしまいがち」なマナー違反について解説します。

箸の取りあげ方

箸の取りあげ方に気をつけることで、保育者の所作に落ち着きが生まれます。箸が大切なものだということも子どもに伝わるでしょう。

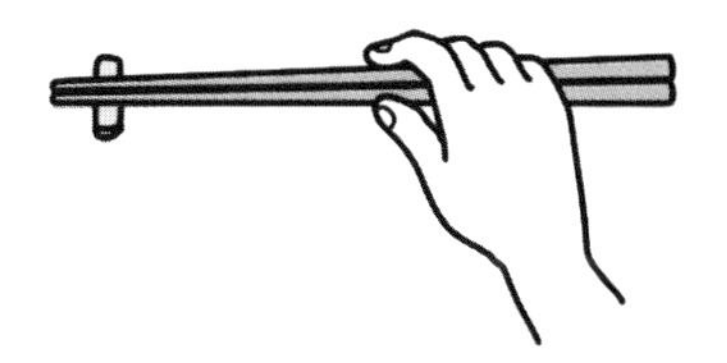

1 利き手で箸の頭寄りを上から持ち、二本持ちあげます。

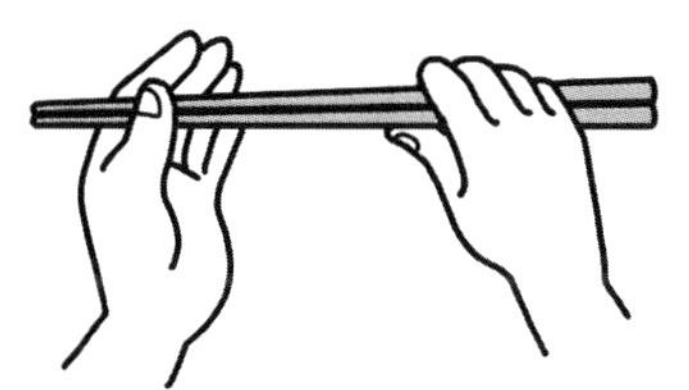

2 反対の手で下から箸を受けて支えます。

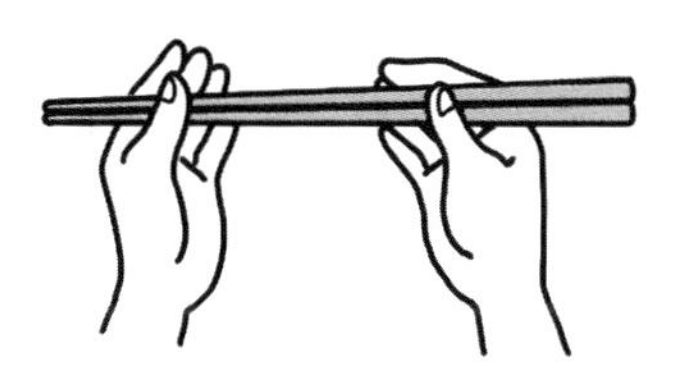

3 利き手で箸を正しく持ちます。

※箸を置くときは、③→①の順で。

気をつけたいマナー違反

一見マナー違反と思わず、ついやってしまいがちな「渡し箸」と「手皿」。そのどちらも、大人のマナーとして「懐紙」を持っていると解決できるほか、様々なケースに対処しやすくなり、おすすめです。

ついしがちなのが、器に箸を渡して置く「渡し箸」。箸置きがない場合は、「懐紙」を折って敷き、その上に箸先を乗せます。

手を器のように食べ物の下に添える「手皿」は、実はマナー違反。小皿を使うか、手の上に懐紙を敷くとマナー違反になりません。

こうしよう！

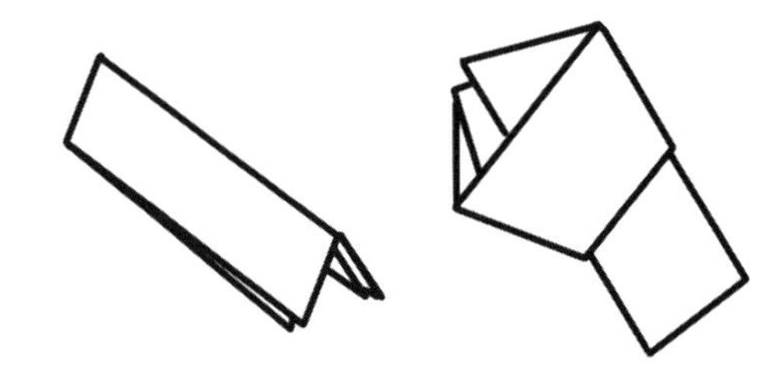

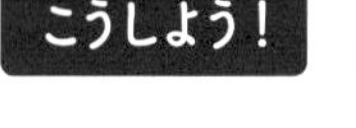

＊「懐紙」とは、懐に入れて持ち歩く二つ折の小さな和紙のことです。

知って納得、こぼれ話③

日本とは真逆？
箸食文化圏のマナーいろいろ

食事マナーは不変ではなく、時代や地域の違いによって変わるものです。外国と日本を比べてみれば、その違いが顕著にわかります。箸食文化のあるアジア諸国の中で、食事マナーが日本と真逆の例を見てみましょう。

韓国では、器を持って食べてはいけないとされています。そもそも器が金属製なので熱くて持てないことや、白米はスプーンを使って食べるために、器を持たなくても食べやすいという事情もあります。

実は箸食文化かどうかにかかわらず、器を持って食べることはほとんどの国でマナー違反になります。

そして、中国では、食事を残すことがマナーに適うとされてきました。少し食事を残すことで「おいしくて満腹になりました、ありがとうございます」という意味になるそうです。また、麺類を切ってはいけないというマナーもあります。長い麺は長寿を意味し、麺を切ることは縁起が悪いとされるためです。ちなみに麺をすする音も、汁のある麺を食べる中国や韓国、台湾、ベトナム、タイなどではマナー違反になります。

また、ベトナムでは、ご飯はかきこんで食べるのがマナーです。米がパラパラとしているため、箸でつまむことがむずかしいのです。そのため、茶碗だけは手で持って食べます。

地域が違えば、このように食事マナーも違います。食事のしかたには様々な捉え方や感じ方があり、マナーは「郷に入っては郷に従え」なのです。互いの文化や考え方を尊重しつつ、「マナーは楽しく食事をするためにある」ということを何より大切に、おいしく食事を楽しめるとよいですね。

地域によって、マナーは
こんなに違うんだね。

第4章

園での取り組み紹介

箸の活動や
食事マナーについての
取り組みを
おこなっている園を、
三園紹介します。

みんなの箸＆
食事マナー
活動レポート1

子どもたちが箸作りを体験。自作の箸で食べる楽しさを実感！

保育活動の中の食育を重視しているナーサリーつるみ。毎年テーマを設けて(『絵本』や『郷土料理』など)、栄養士・調理師・保育者が協力して、子どもたちと活動を深めています。そんな同園では、子どもたちの「箸」も食育に欠かせない要素となっています。

社会福祉法人翼友会
ナーサリーつるみ
神奈川県横浜市鶴見区

当園では食育委員会を中心に、園全体で食育を推進しています。栽培やクッキングはもちろん、子どもたちの意欲を引き出す活動を日々模索しています。
（小倉美紀園長）

活動のポイント1

子どもたちが箸作りに挑戦！

ナーサリーつるみでは、毎年秋に五歳児が箸作りに挑戦します。箸メーカー「株式会社兵左衛門」から指導者を招いて、自分の手の大きさにぴったりの箸を作り、箸のマナーについても学びます。小倉園長は「箸への苦手意識をもつ子が多かったので、自分で箸作りをおこなえば、しぜんと興味をもってくれると思いました」と、活動のきっかけを話してくれました。

自分の手の大きさを計ったら、保育者や指導者の援助のもと、小型のこぎりで箸をぴったりの長さに切断。友達と協力し、みんな真剣な表情で作業しています。クラスの雰囲気が落ち着いている秋なら、安全にのこぎりを使えます。

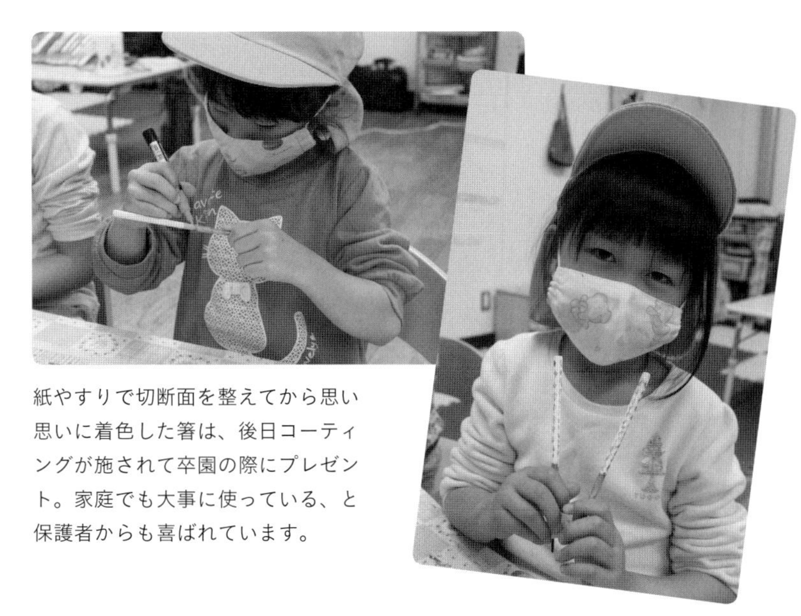

紙やすりで切断面を整えてから思い思いに着色した箸は、後日コーティングが施されて卒園の際にプレゼント。家庭でも大事に使っている、と保護者からも喜ばれています。

活動のポイント 2

本格的な箸の指導は三歳児から

二歳児から箸にふれだし、三歳児になると箸の練習が始まります。昼食でも箸を使い始めますが、いつでも使えるようにスプーンとフォークも添えて配膳しています。小倉園長は「保育者が日常的に箸の使い方を教えるのと同時に、遊びの中でも練習できるよう、箸でつまめる魚を描いたスポンジなども用意しています」と、同園での工夫を教えてくれました。

活動のポイント 3

四歳児は箸で食事を楽しむ

四歳児は補助的な食具は使わず、箸で食事をしています。多少持ち方が間違っていても、箸に慣れること、上達の過程として食事を楽しむことが目的なのでその場では指導しません。「卒園までに正しい持ち方を覚えることだけが目的ではなく、その子の発達に合わせて箸で食べる意欲をはぐくみたい」と小倉園長。箸の指導は重要な家庭支援でもあるそうです。

みんなのお箸プロジェクトによる講習会を開催！

手指のエクササイズを楽しむ子どもたち。

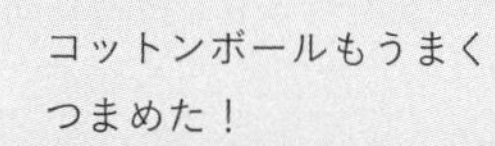

コットンボールもうまくつまめた！

本書の監修を務めるNPO法人みんなのお箸プロジェクトがナーサリーつるみで講習会を開催。年長児〜年少児が箸の使い方を学び、本書にも掲載した体操や歌遊びをおこないました。手指だけでなく、全身を使ったエクササイズもあるので、充分に体をほぐしてから箸の使い方を練習できます。楽しそうに取り組む園児の姿が見られました。

みんなの箸＆
食事マナー
活動レポート 2

市・園・保護者が一丸となって子どもの食事マナーをサポート

千葉市保育所栄養士会が主体となって年に二回、千葉市の公立保育所・認定こども園を対象に「箸・スプーンの持ち方に関する調査」を継続しています。その調査結果を踏まえて食事マナーの指導にも力を入れており、過去にはNPO法人みんなのお箸プロジェクトによる講習会もおこないました。ここでは同市の弁天保育所の取り組みを紹介します。

千葉市弁天保育所
千葉県千葉市中央区

当園では食に関心をもつ子どもが増えるように、園庭での栽培など食育に力を入れています。同時に、箸や食事マナーを基本的な生活習慣ととらえて保育計画にも組み入れながら、子どもたちの発達に合わせた指導を続けています。
（宮野美香所長）

活動のポイント 1

「楽しく食べる」を大切にする

食事マナーを「おいしくごはんを食べるために必要なこと」と位置づけている弁天保育所。二歳半ごろから箸にふれ始め、現在は写真の五歳児クラスが活発に箸の活動をおこなっています。一方で、「正しく持つことにこだわりすぎると、食事の楽しさが減ってしまう」と宮野所長。子どもたちの様子を見て、援助の言葉かけも大切にしています。また、食事マナーを保育計画に組み入れることで、職員間で情報の共有・振り返りもおこなっています。

食事前にみんなで手遊びをしてウォームアップ。保育者は園内研修を通して、こうした手遊び・運動遊びが手首をしなやかにし、食具のじょうずな使い方にもつながることを学んでいます。

食事前の手遊びと合わせて、管理栄養士の小川先生が「まちのさかなやさん」を読み聞かせ。千葉市保育所栄養士会が手作りした絵本です。昼食で食べるサバも登場し、食事への意欲を盛りあげます。

活動のポイント 2

遊びを通して箸に親しむ

五歳児が遊びを通して箸にふれられるように、保育室に箸とカラフルなコットンボールなどのグッズを用意。午睡をしなくなった五歳児の中には、管理栄養士の小川先生と一緒に別室で箸の練習をする子もいます（左写真）。

活動のポイント 3

子どもの意欲を引き出す工夫

五歳児の意欲を引き出す取り組みの一つが、「めざせ!! おはしめいじん!!」というカード。一級を目指して自分のペースで練習を進めながら、スタンプをもらう達成感を味わっています。また、お箸の持ち方のミニポスター（NPO法人みんなのお箸プロジェクトが作成）を貼り付けた新型コロナウイルス感染症対策のつい立ても、子どもたちのやる気を引き出しています。当初は年長クラスだけでしたが、これを見た年中児・年少児も「使いたい」とリクエスト。三歳以上のクラスでも使うようになりました。

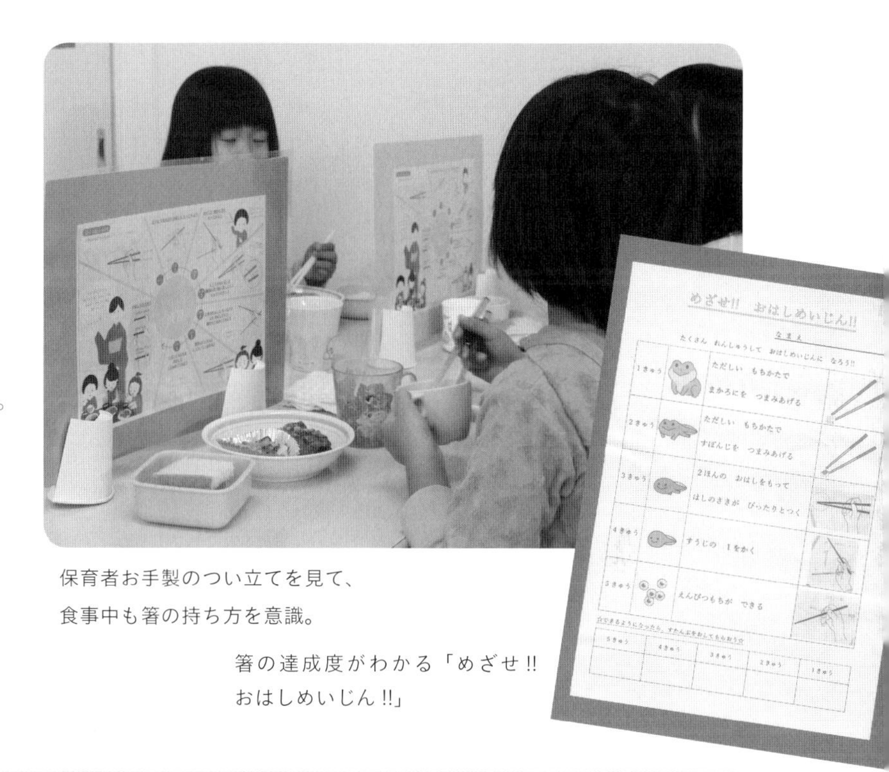

保育者お手製のつい立てを見て、食事中も箸の持ち方を意識。

箸の達成度がわかる「めざせ!! おはしめいじん!!」

園と保護者との連携で子どもたちをバックアップ

食育でも保護者との連携を重視。おたよりで食具の使い方やマナーについての情報を発信するほか、廊下に掲示した食育情報の中で、スプーンや箸の使い方、発達の道筋を詳しく知らせています。また、年長児の懇談会では、栄養士から保護者へ箸の持ち方の説明をしています。

手づかみから箸を使うまでの食事方法の発達を、表にして廊下に掲示。

みんなの箸＆
食事マナー
活動レポート 3

子どもたちの努力と喜びが箸につまった『東蒲田おはしプロジェクト』

東蒲田保育園では十年ほど前から、四歳児を対象とした箸の取り組み『東蒲田おはしプロジェクト』を継続中。管理栄養士の松本真知子先生を中心に考案した独自メソッドにより、多くの子どもたちが一年間で箸を習得します。そのポイントは、子どもたちの指先や手首の働きと発達段階への着目にあります。

ピジョンハーツ株式会社
大田区立東蒲田保育園
東京都大田区

『東蒲田おはしプロジェクト』の目的は、箸の上達を促すことはもちろんですが、それ以上に、子どもたちのチャレンジする心をはぐくむことにあります。ときには悔しい思いもしたからこそ、箸が使えるようになったときの子どもたちの達成感はひとしおです。
（朝稲泰子園長）

練習メニューには、スポンジやあずき、マッチ棒などつまむものの難易度別で六つのステップがあり、達成ごとにシールを貼れる「合格シールカード」を用意。このカードが子どもたちのモチベーションになっています。シールが貼れずに悔し泣きする子を励まし合ったり、合格した子をみんなでお祝いしたり、活動を通して子どもたちの前向きな姿勢が幾度も見られます。手に持った合格シールカードは、努力の結晶。子どもたちにとってかけがえのない宝物です。

活動のポイント 1

園と家庭が連携して箸の練習をサポート！

箸の練習を毎月一回おこなうのは、四歳児クラス。四歳児から始めるのは、スプーンの鉛筆持ちがしっかりできるからです。保育者は子どもたちの上達度を見ながらサポートします。この練習がすべてではなく、基本は家庭での食事の積み重ね。保護者会では取り組みを説明し、保護者が実際に箸を使って持ち方を確認します。子どもたちを応援するためには、園と家庭との連携が欠かせません。ふだんの保育では「指先や手首を使う遊び」を意識しています（右ページ）。

合格したよ！

2020年はコロナ禍によりスタートが遅れ、子どもたちが箸の練習を始めたのは七月に入ってから（例年は四月）。それでもみんなで練習を重ねて、十一月中旬の取材当日にも合格者が！ 合格した子は調理室に行って自ら報告。昼食で箸を使えます。

活動のポイント 2

指先や手首の柔軟性を遊びでアップ！

子どもたちはふだんから「しなやかな指先や手首をつくるための遊び」を積極的におこなっています。決して特別なものではなく、お絵描き、塗り絵、折り紙などの遊びを通して、個々の箸への課題を意識しながら援助します。その中の一つがコマ回し。四歳児の練習の導入でも、みんなでコマにひもを巻きつけていきます。手首の柔軟さがアップします。

指先をほぐすため、ひもの三つ編みにもチャレンジ。一人ひとりの上達度を見ます。

上の箸だけじょうずに
動かせるかなあ?

はし玉くんと練習用の六角箸。

活動のポイント 3

手作りグッズで正しい持ち方の感覚を養う

箸を使った練習は、紙粘土製の手作りグッズ「はし玉くん」を小指と薬指で握ったままおこないます。これは下の箸を支える感覚を養うため。上達すると、しぜんとはし玉くんがいらなくなります。練習では鉛筆と同じ六角形の箸を使います。

四角形を描くことと箸の相関性に着目！

同園の箸の指導で特徴的なのが、「四角形をしっかり・はっきり描けること」を発達の目安にしている点。月ごとの練習で、毎回子どもたちは思い思いの四角形を描きます。最初は筆圧が弱く角を描けなかった子でも、数か月後にはしっかりとした四角形を描けます。四角形をじょうずに描ける（＝鉛筆を正しく持てる）と、箸がじょうずに使える傾向がある、という相関性が見えてきました。

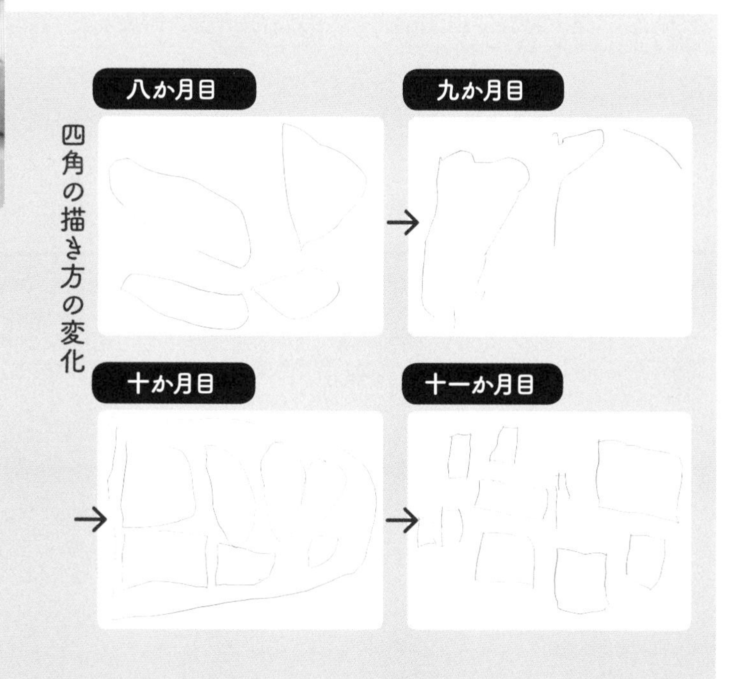

（右）四歳女児の例。九か月目までは鉛筆が正しく持てず、箸を使うこともできなかった。十か月を越えると鉛筆が上達、次第に四角形が描けるように。十二か月目には箸も合格した。

「米」と「箸」から生まれた食事マナー

本書を終わりまでお読みいただき、ありがとうございました。保育園・幼稚園・認定こども園の子どもたちに向けた「食事マナーだけ」に特化した本はこれまでになく、幼児期からマナーを伝えていくことの大切さもおわかりいただけたと思います。食事マナーが「むずかしいもの」というイメージは払拭できたでしょうか。

また、食そのものだけでなく食事マナーも、子どもたちの健康を守るサポートになることをご理解いただければうれしい限りです。

米の姿で箸を背負っている「まなべえくん」にも託していますが、米は私たちの食の中心で、食事マナーや箸の使い方の方向性を定めてきた大事な食材です。

日本は、古来「瑞穂国（みずほのくに）」と呼ばれてきました。瑞穂とはみずみずしい稲穂のことであり、その稲穂が豊かに実る国であるということから、古事記や日本書紀にもこの美称が用いられています。

日本人が米をいただくときに欠かせないのが箸であり、また、古代から現代まで様々な神事にも用いられています。そのため、箸は神聖なものであり、“使う人の魂が宿るもの”あるいは“和の精神を象徴する道具”と考えられてきました。箸を使う国はほかにもありますが、日本の(食)文化の中で箸が特別な存在感を持ち続けてきたゆえんです。

食の「先人の知恵」を受け継ごう

「はじめに」でもふれましたが、その一方で現代の小学生の約八割、

ここまで読んでくれて、ありがとう。食事マナーの大切さが伝わったらうれしいな。
これからは、まなべえくんと学んだことを思い出して、みんなで楽しく食事をするわね。

その保護者世代では約七割の人が正しく箸を使えないという調査結果があります。そのような中で、正しく箸を使えないことを「多数派」「多様性」「令和のスタンダード」といった言葉で表現する風潮もあるようです。

しかし、長い歴史の中で培われてきた箸の形状や持ち方、使い方には、合理的な理由があります。日本の箸は、「どうすれば食べやすいか」を試行錯誤しながら、多様な機能と繊細さを兼ね備えた食具として洗練されてきました。「先人の知恵」を受け継がないのは、もったいないですよね。

私たちが箸指導で訪問した園でも、子どもたちは箸をじょうずに使って小さなものをつまめるようになると、とてもうれしそうな笑顔を見せてくれます。また、講習の短い時間の中でも苦労の末に箸を使うコツがわかったときには、満ち足りた表情を見せてくれます。第四章でレポートした園では、きっとそうした光景が日常の保育の中に溢れていることでしょう。

本書がみなさまの園の食育活動のサポートや家庭支援の一助になることを願っております。子どもたちの「食べる力」「生きる力」をはぐくむための活動として、食事マナーや箸の使い方を見直す機会になれば幸甚です。

NPO 法人 みんなのお箸プロジェクト
平沼芳彩　小柴皐月　阿倍光寿

監修 NPO法人みんなのお箸プロジェクト

平沼 芳彩（ひらぬま ほうさい）

NPO法人みんなのお箸プロジェクト理事長。箸文化研究家・礼法講師・箸育プロデューサー。礼法講師としての経験および自身の子育て・孫育ての経験から、「マナー教育や食育で基本となるのは毎日の食生活であり、お箸使いである」との確信を得る。以来、箸文化や箸使いに関するセミナーや、my箸作りをおこなうワークショップを多数開催するなど、精力的に活動している。

小柴 皐月（こしば さつき）

箸文化研究家・礼法講師・箸育講師・箏曲演奏家・伝統芸能コーディネーター・和文化コーディネーター。幼少より、生田流箏曲を習い、それに伴い礼法、香道、茶道、煎茶道、など多岐にわたって和文化を学び、研鑽を重ねる。それらの稽古の中から“和の心と作法”の研究にも従事し、大学講師を経て、幅広いテーマで講演活動をおこなう。

阿倍 光寿（あべ みこと）

食生活研究家・箸育講師・栄養士・息育指導士・健康運動指導者。高校野球部など多岐にわたるスポーツ栄養指導を通して、人は食材の効果的な食べ方を知り、無理ない食生活を実施、継続すれば、身体と心が変わると強く実感。栄養素の基礎に重点をおいたオリジナルメソッドを使い、次世代に日本の伝統的な『食』を残そうと活動している。

イラスト
星野はるか（KUMA'S FACTORY）

編集協力
高宮宏之（株式会社キャデック）

ブックデザイン
阿部美樹子

付録デザイン
渡邉百合子

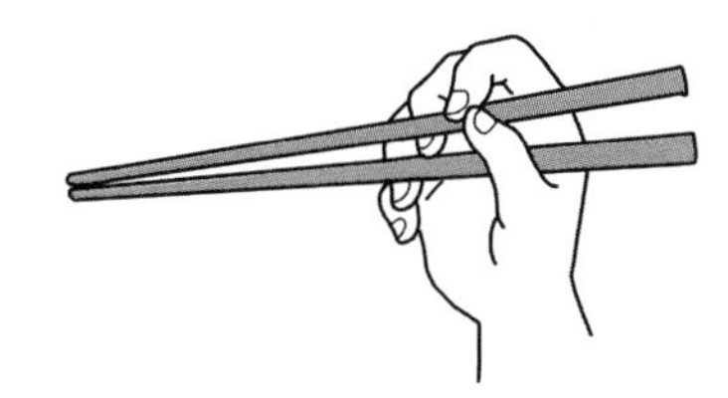

発達に合わせて伝える
子どものための食事マナー

2021年2月1日 初版発行

監修	NPO法人みんなのお箸プロジェクト
発行人	竹井 亮
編集人	上原敬二
編集担当	渡邉淳也・橘田 眞
発行・発売	株式会社メイト 〒114-0023 東京都北区滝野川7-46-1 明治滝野川ビル7・8F TEL 03-5974-1700（代表）
製版・印刷	図書印刷株式会社

ISBN978-4-89622-465-8

ごはんを かっこよく たべよう

絵｜星野はるか
監修｜NPO法人 みんなのお箸プロジェクト

にこにこえんの
おひるごはんの　じかん。

けんちゃんは　ごはんを
たべながら　おしゃべり。
くちから　たべたものが
ぽろぽろぽーん。

ゆきちゃんは　おいもを
おはしで　さしています。
おいもは　ころころころん。

「あらら、けんちゃんも　ゆきちゃんも、
かっこわるい　たべかただね」
「えっ、だれ？」
「ぼく、まなべえ。
みんなに　しょくじの
マナーを　おしえに　きたのさ」

「ほら、ふたりとも　つくえの
うえを　みてごらん」
「わわ、きたなーい」
「あらら、いっぱい　こぼれてる」
ふたりは　はずかしくなりました。
「わたしたち、かっこよく　たべたいな」

「よーし！　じゃあ、さいしょは、
おはしの　もちかたから！」

「おはしは、ちゃんと　もてば、
おかずを　つまんだり　すくったり
なーんでも　できる　どうぐなのさ。
さあ、れんしゅうしてみよう！」

すくう

つつむ

まぜる

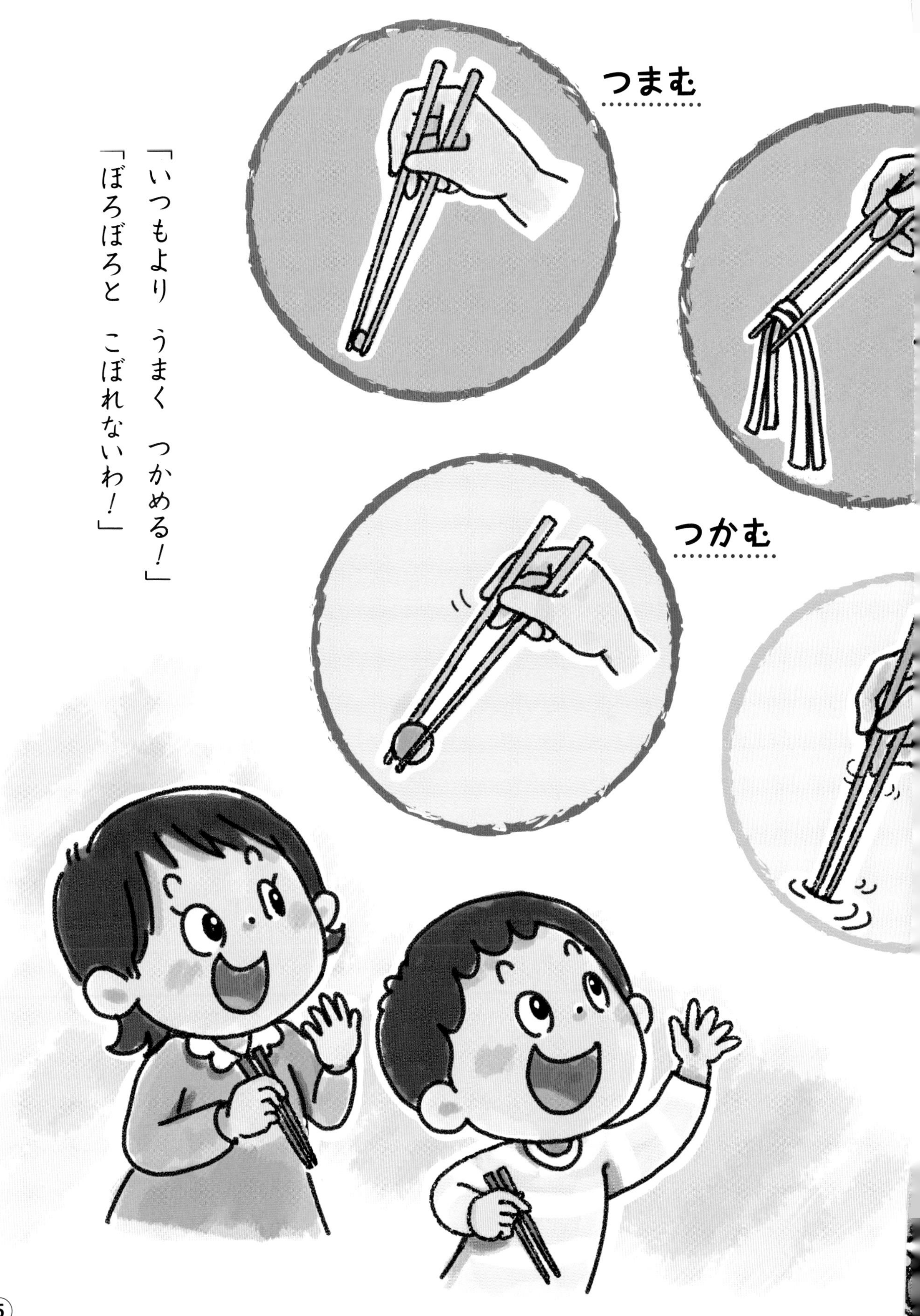
つまむ
つかむ
「いつもより　うまく　つかめる！」
「ぼろぼろと　こぼれないわ！」

「つぎは　うつわを　もって　みよう」
「あれ、せなかが　のびた！」
「わあ、けんちゃん、かっこいい！
わたしも！」
けんちゃんも　ゆきちゃんも
ごはんを　たべる　すがたが
とっても　かっこよくなりました。
「さいごにね……」

「くちに
たべものが　はいったまま
おしゃべりすると、
きたないし、
かっこわるいよ」
「そうか。
おはなししたい　ときは
のみこんでからに　するね」
「はしも　いっかい　おいたほうが
いいよね」
けんちゃんと　ゆきちゃんは
まなべえと　やくそくしました。
「よく、できました！
ふたりとも　とっても　かっこいいよ」
「えへへ」

つぎの　ひの　おひる。
「いただきまーす！」
けんちゃんと　ゆきちゃんの
げんきな　あいさつが　きこえます。
ふたりとも、とっても　かっこよく
ごはんを　たべていますよ。